ブックレット〈書物をひらく〉23

『無門関』の出世双六《しゅつせすごろく》

帰化した禅の聖典

ディディエ・ダヴァン

平凡社

『無門関』の出世双六――帰化した禅の聖典［目次］

はじめに——禅籍の意外な人気者

禅宗が産みだした書物は、無数と思われるほど多い。時に、そのこと自体が禅の主張と矛盾していると指摘されることもある。確かに、他の仏教宗派と違って、ブッダの言葉とされる経典を宗旨の基盤とするのを拒んだのは、禅宗の最大の特徴であろう。禅の主張するのは、ブッダが言葉で説いた教え——つまり経典にある教え——ではなく、禅独特のルートで仏教の奥義《おうぎ》を師から弟子へ「以心伝心」で伝えるということである。それが、「教外別伝《きょうげべつでん》」という有名なスタンスの意味するところである。また、ブッダのだけではなく、どんな言葉であろうともそれを絶対視しない、文字を立てない（「不立文字《ふりゅうもんじ》」）ことも主張する。これらの前提から考えれば、言葉が拒否されているわけだからテキストも本質的に拒否されていると思うのも自然であろう。しかし、それは勘違いであって、実際は逆に大量のテキストが作成された。経典や祖師の言葉を絶対的な位置に置かないのであればこそ、典籍に頼らず教えを伝えつづけるために、禅僧たちは繰り返し新しいテキストを作成した。特に、師弟関係を何より重視していた禅宗では、師の言動を記録した「語録」が多い。ある程度の弟子たちがそのもとに輩出した禅僧なら、だいたい「語録」が作成されたということを考えれば、それだけで膨大な数になるのである。無論、その他にも多様なジャンルのテキストがあるので、禅籍が多量に存在するのは納得がいく。

当然ながら、禅僧たちはその膨大なテキストを全部平等に扱っていたわけではなく、少数の有名なものもあれば、多数の忘れ去られたものもある。では、どういうテキストが人気だったのであろうか。もちろん、禅籍の正式なランキングがあるわけではないが、禅僧や研究者などに聞けば、おそらく禅籍のトップスリーは『臨済録《りんざいろく》』、『碧巌録《へきがんろく》』、『無門関《むもんかん》』だと答える人がいちばん多いに違いない。

宗教界一般においても、どんな宗派でも多量のテキストが存在し、そのなかで、敬意や人気の差が生じるのはごく自然なことであり、そして禅宗の場合はこの三点になったというだけのことである、と思われるかもしれない。しかし、少し探ればその裏に面白い問題点が潜んでいることがわかる。後に触れるが、『碧巌録』は禅宗では大事な書籍であり、一一二五年に作成されて以来中国でも日本でも重視され、「宗門第一の書」とまで称された。日本での高い知名度には何の違和感もない。ただ、残りの二つの場合は違う。『臨済録』は臨済宗の開祖である臨済義玄（?―八六七）の語録なので、中国でも当然敬意を寄せられていたが、日本ほど重視されていたとはとても言えない。少なくとも、日本禅に与えたほど

『臨済録』の影響力　『臨済録』と日本については『『臨済録』研究の現在』（禅文化研究所、二〇一七年）を参照。

の計り知れない影響力は、中国においてはなかった。▲そして、中国と日本での地位の差という現象がさらに強く見られるのは、なんと言っても『無門関』の場合である。実践者から研究者まで、また文化人を含めて、日本人が抱いている禅のイメージに『無門関』は欠かせないと言っても過言ではない。また、二十世紀に日本から禅が世界に広まったことを考慮すれば、そのテキストの重大さはいっそう著しくなるであろう。しかし驚くことに、中国では宋代に刊行されたあとの短い時期を除けば、完全に無視されたテキストであった。自国でほぼ無名なのに海外でブレークした俳優や歌手がいるように、『無門関』は中国生まれながら、尊敬される禅籍の地位に上がったのは日本に来てからであった。

本ブックレットは、その『無門関』をテーマにしているのだが、テキストの内容の解明、あるいは日本でだけの人気の理由を究明することだけを目指していない。もちろん、その大事な二点は検討するが、それに留まらず『無門関』が日本で描き出した「物語」を通じて、禅宗から日本社会一般にまでこの書籍が及ぼした影響を全体的に見ていきたいのである。

一▼『無門関』、その成立と内容

これから『無門関』が日本で歩んだ道を考察するわけだが、そもそも『無門関』とはどういうテキストであるかを説明しないことには話が始まらない。このテキストは、禅宗独特の文章である公案を集めた「公案集」とよく分類されているが、「禅宗」と言っただけで難しい教えだと連想されるうえに、特に「公案」となるとなおさらであり、となればとにかく難解で敬遠したくなる本というイメージを抱くことになる。確かに、『無門関』の内容は簡単でわかりやすいとはなかなか言いがたいが、その成立と内容の裏にある背景がわかれば、どういう書籍であるのか、どういう内容であるのかは理解してもらえると思う。最初は少々難しく見えるかもしれないが、少しだけ頑張っていただければ、『無門関』の内容や、その面白さへの理解がグッと深まるであろう。

公案、公案集、『無門関』

「公案集」と称される『無門関』ではあるが、その呼称そのものが重要な特徴を見落とさせてしまう。『無門関』はただ公案を集めただけのテキストではなく、宋代禅宗の流れを汲んで作成された特定のジャンルの一作品である。独立した書物ではなく、『無門関』は宋代禅宗から切り離せない作品であり、その文脈を理解せずにはその内容は語れない。その流れとは、ズバリ禅宗の思想史そのものである。『無門関』を説明するには「公案集」とは何であったかを解明する必要があり、そのため「公案」そのものを見る必要も当然ある。そこで、ごく簡単ではあるが、禅宗の基本的な教えとその延長線上に生まれた「公案」をまず見てみよう。

1　悟りへの道、語録から公案へ

禅宗は唐代に始まり現代にまで続く長い歴史を持っているが、思想の基本原理は概《おおむ》ね宋代に定まったと見ることができる。もちろん、その後に禅の思想の発展が突然止まったわけではないし、現代の世界の修行者たちが宋代と全く同じ実践法や思想を持っているわけでは決してないのだが、とりあえず宋代までの禅を理解すれば今も基礎になっている原理がわかると言ってよいだろう。実は、その禅の思想史的な流れがはっきりと見えはじめたのはごく最近のことであって、研究者たちが中国禅の全体構成を把握したのはほとんど二十一世紀に入ってからである。その進歩は何人かの研究者の成果が重ね合わされた結果であるが、そのさまざまな成果をつないだうえにさらに決定的な理解を可能にしたのは小川隆氏である。氏の研究を踏まえると、禅の教えの骨組みとそのなかにおける『無門関』の位置を次のようにまとめられる▲。

小川隆氏の研究　その研究成果を簡単に紹介したものとして、小川隆『禅思想史講義』（春秋社、二〇一五年）がある。

唐代の問答

他の仏教宗派と同じように、禅の教えの最終目的は、「悟り」に達することにある。悟りというのはブッダが体験したもので、言ってしまえば世界の仕組みを直観的に知ることである。その仕組みを悟ることによって、人生の最大の問題である「苦」から解放される（解脱《げだつ》）、というのが仏教全体の構造であるといえる。ただ、具体的にどうやってその悟りに達することができるのかという問いに対して複数の答えが出て、さまざまな教義、そしてさまざまな宗派の形成に至ったわけである。では、禅宗はどんな答えを出したのか。まず大前提として、禅は、すべての人が既に悟っているのだが、それに気づいていないと主張している。つまり、「悟る」というのは、新しく何かをわかることではなく、新しい何かを得ることでもない。ただ生まれてから――というよりも生まれる前に――自分が悟っていたという真実に気づく、ということだ。禅籍の中心的なジャンルである「語録」で、師が弟子に悟らせようとする場面が非常に多いのはそのためである。つまり、「あなたは既に悟っているよ」という至って単純なメッセージを伝えようとしている。しかし、そこに一つの難点がある。伝えると言っても、直接言葉で言ってすむわけではない。なぜなら、悟っている自分に気づくには、自分から気づかなければいけないからである。したがって師は、この非常に単純なメッセージを直接言わずに、弟子に気づかせるためにいろいろな工夫をしなければならない。そのさまざまな策略が唐代の禅の語録の最大のテーマであると言える。例えば、趙州従諗《じょうしゅうじゅうしん》（七〇九―七八八）の語録にあるたいへん有名な問答の一つは次の文である。▲

ある日、ひとりの禅僧が趙州に聞いた、「菩提達磨《ぼだいだるま》が西から中国にやって来た極意は何でありましょうか？」師［趙州］が言った、「庭先にある栢《かしわ》の木！」。

これは、全くかみ合っていない会話に見えて、まさに「禅問答」を代表するものである。確かに、辞書で「禅問答」を引いてみると、「禅家で、修行者が疑問を問い、師家《しけ》がこれに答えるもの、転じて、ちぐはぐで分りにくい問答」（『広辞苑』）とあるように、ちんぷんかんぷんな内容こそ特徴であると長年思われてい

趙州従諗の語録の有名な問答　秋月龍珉『趙州録』（禅の語録11、筑摩書房、一九七二年）、三五―三六頁。「時有僧問、如何是祖師西来意。師云、庭前栢樹子」。

「祖師西来意」の意味　衣川賢次
「古典の世界――禅の語録を読む」
(『月刊中国語』一、二号、一九九二年)、四六―四九頁、四八―五一頁。

た。しかし、入矢義高《いりやよしたか》(一九一〇―九八)が切り開いた語録の解読の道をさらに発展させた小川氏の研究によって、理解不可能とされてきたテキストがわかるようになった。結論だけを言うと、さまざまな文脈(当時の言葉、慣習、そしてもちろん思想史など)を把握すれば禅問答には合理的な意味があることが自ずと見えてくるのである。例えば、いま引用した問答では、衣川賢次氏が明らかにしたように、「祖師西来意」は当時の語録にしばしば出てくる文句であって、菩提達磨(祖師)が中国に来た理由を聞いているのではなく、むしろ何を伝えに来たか、つまり禅宗の奥義が問われている。その奥義は悟ってはじめてわかるので、師から悟るきっかけを得ようと求める台詞《せりふ》であった。詳細な説明を省くが、結果として上の質問を換言すれば「お師匠様、私を悟らせてください」となる。

このようにいきなり結論だけを出すのではもちろん説得力に乏《とぼ》しいが、これは二十一世紀に入ってからの禅研究に革新をもたらした理解であって、関心のある読者は小川隆氏のわかりやすい『禅思想史講義』を是非ご参照願いたい。

では、「悟らせてください」という弟子の嘆願に対して、なぜ師である趙州が「庭先の栢の木」と答えたのであろうか。ここも結論だけを言ってしまうが、大事なのは木ではなく、それを見る弟子の方である。要するに、師が「ほら！あそこの木！」と弟子に言う。そうすると、自然に弟子がその木を見るが、そこに師が気づかせようとすることが潜んでいる。つまり、一所懸命探している「悟っている自分」は、余計なことを考えずにただ木に目が向いた「日常の自分」と全く同じであること。「悟っている自分はこれだよ！」、「悟りは既に達しているよ！」と教えているわけである。しかし、それを言葉で説明するのではなく、自分から気づくように指導しないといけないのが禅問答の難しさであり、また面白さでもある。

以上の「庭前栢樹子《ていぜんのはくじゅし》」の問答は唐代禅の基盤になったと言える馬祖道一（七〇九—七八八）の思想（図1）——いわゆる「馬祖禅」——に属している。基盤というのは、唐代禅のすべてが馬祖禅であったという意味ではない。批判や発展があるにせよ、それらは必ずと言ってよいほど馬祖禅を意識したものであった、ということである。結果的には唐代の禅語録に複数の考え方が見えることになったが、共通するのは一つである。即ち、一見非合理的な問答でも、当時の文脈を正しく理解できれば、その意味が「普通に」わかるようになることである。この点が、『無門関』を含めた後代の禅籍との根本的な違いである。

図1　「馬祖像」（『仏祖正印源流道影賛』）

宋代の公案

唐代禅の代表的なテキストは、なんと言っても一人の禅僧の言行を記録した「語録」である。いわゆる「禅問答」のほとんどが語録に由来するが、語録のなかで後代に重要と評価されたエピソードが他の禅僧の説法などに使われ、一種の引用文として別の語録にも見えるようになる。やがて、それぞれの話が独立して、それが「公案」と呼ばれるようになったのである。本来「公案」は法律に関わる表現であり、事件と裁判の判決を公式に記録したものを指したようであるが、禅宗ではひとまとまりのエピソードを指すようになった。ここで言うエピソードは、例えば師と弟子の問答、あるいは禅僧が悟った過程など多岐にわたるが、必ずひとまとまりになっている。つまり、その公案の他に文脈を必要としないものである。こういった話は「公案」の他によく「話頭《わとう》」と呼ばれるが、この場合では、日本語の「饅頭」と同じように「頭」という字が「完成された」「ひとかたまりの」というニュアンスを付している。禅の「話頭」は「公案」の同義語であると考えてもいい。

このように、公案というのは語録をはじめとする禅籍から切り離された短い逸話であって、その内容は古《いにしえ》の禅僧が悟った経緯やその過程が中心であるから、修行僧から見て先輩たちの実例であると言える。宋代禅の大きな特徴は、それらの公案に基づいた修行法が主流になったということであるが、その基にあるのはテキストの新しい見方である。先ほど「庭前栢樹子」という問答を解釈し、当時の文脈がわかれば一見理解不可能な内容は合理的に理解できると述べた。しかし、そうすることによって、文面上の意味は確かにわかるが、その問答の最大の意味――つまり悟りそのもの――は見えない。庭先の栢の木を見て何を悟るのかはその場にいた禅僧にしかわからない。たとえ、「自分しか気づくことができない「悟った自分」」という説明を加えても、それもまた外からの観点であって、その「悟った自分」を実際に表しているわけではない。知的好奇心を満たすにはそれでも充分であろうが、宋代の禅僧たちは公案を見て文献解読に留まってはいなかった。捉えようとしていたのは、やはり自分しか気づけない悟りそのものであった。そこで生まれたのは「死句」と「活句」の区分である。

「死句」は文面上の意味、論理的でありながらそれに留まってしまう。自分しか体験できない悟りへのきっかけにならない――つまり悟るうえで効果がない文という意味でこう呼ばれた。そして「活句」は、表面的な意味に囚われずに、テキストの奥にある悟りとつなぐものの効果が活きている文という意である。同じ文章を「死句」として見るか「活句」として見るかによって、テキストに臨む姿勢が大きく変わることは言うまでもない。

まとめると、唐代に作成されたテキストから切り取られたエピソードである公案を、論理を使わずに、文面的な意味を超えた悟りへと導く「活句」として見るのが宋代禅の最大の特徴であると言える。

2　公案の使用、公案集の特徴

公案は禅籍から切り取った一つのエピソードであり、最初から非論理的な性質を持っているわけではない。しかし、宋代禅の重要な流れのなかで文面の意味（死句）より深い意味への道であると見なされ、論理を超えた次元（活句）として扱われるようになった。したがって、公案を考える時にいちばん大事なのは、テキストそのものではなく、その使い方である。それを把握してはじめて、公案集が持つ特徴を考えることができるのである。

公案の使用法——看話禅と文字禅

宋代禅で発展した公案に基づいた新感覚、つまり「死句」ではなく文面上の意味を超えた「活句」として取り扱うのは、それ以降の禅思想史にとって決定的な展開である。現在では世界中に広まった禅のすべてが、その見解を基礎にしていると言っても過言ではない。唐代禅から宋代の禅に至るまでにやや複雑な道のり▲があったが、結果的に活句と見なされた「公案」の主なアプローチは二つあると言える。一つ目は全身全霊公案に集中することによって論理的な意味を超えた意味に達すること、つまり悟りの境地を目指す方法である。話頭（＝公案）をずっと看《み》るということになるので、「看話禅《かんなぜん》」と呼ばれている。その方法を完成させた大慧宗杲《だいえそうこう》（一〇八九―一一六三）はその仕組みを次のように説明する。▲

ただ、この妄想に落ちやすい心、理屈っぽく考えようとする心、生を好んで死を嫌がる心、知識でものを理解しようとする心、静寂を楽しんで騒音を厭う心、［その心を］一時的に押しとどめて、ひたすらに話頭を看ることにだけ専念せよ。「僧が趙州に聞いた、「狗子《いぬ》に仏性が有るのか、無いのか」。趙州が云った、「無」」。この一字が悪知識や悪感覚を砕き潰す武器であるぞ。存在の有無で捉えずに、理屈で理解しようとせずに、［中略］只々四六時中、歩く時も、じっと立つ時も、坐る時も、寝る時も、どんな時も［公案のことを］思い、どんな時も「「狗子《くし》、還《は》た仏性有り也、無しや」。云く、「無」」を意識せねばならない。あくまで日常生活のなかで、［この公案を］頭から離してはいけない。このように打ち込んで看るようにせよ。一月か十日もすれば、

唐代禅から宋代禅までの道のり　その詳細について土屋太祐「公案禅の成立に関する試論――北宋臨済宗の思想史」（『駒澤大学禅研究所年報』一八号、二〇〇七年）、二八二―二五九頁を参照。

大慧宗杲の説明　荒木見悟『大慧書』（禅の語録11、筑摩書房、一九六九年）、五〇―五二頁。「但将妄想顛倒底心、思量分別底心、好生悪死底心、知見解会底心、欣静厭閙底心、一時按下、只就按下処看箇話頭。僧問趙州、狗子還有仏性也無。州云、無。此一字子乃是摧許多悪知悪覚底器仗也。不得作有無会、不得作道理会、［中略］但向十二時中四威儀内、時時提撕、時時挙覚、狗子還有仏性也無、云、無。不離日用、試如此做工夫看。月十日便自見得也」。

ただちに自分でわかることができるであろう。

看話禅《かんなぜん》は要するに、公案に一所懸命にとりかかるのだが、文章の意味的・哲学的なアプローチを絶対とらずに、理性につかむところを一切与えずにひたすら集中することである。そうすることによって、蒸気が圧力鍋から出られないと爆発を起こすように、行き先を失った心が爆発して悟りを開くという。

ここで大事なのは、文面上の意味を超えた「理解」を目指しているということである。幾多の違いがありながら、現在中国や日本、韓国などでは、臨済宗の修行の基盤はこの看話禅にある。そのため、「公案」は「論理的に解けない問題」とよく説明されているが、正確にはそうではない。確かに、看話禅という特別な修行法のなかでは論理的に考えてはならないのだが、それはあくまでも看話禅の場合だけである、公案そのものが本質的に非論理的であるわけではない。ただ、現在「公案」を扱うのがほとんど看話禅であるため、そのような誤解が生じたのである。

そして、宋代における公案の見解の重要なもう一面は、「文字禅《もんじぜん》」と呼ばれているものである。それは公案にさまざまな文体をもってコメントをつける形で文章を作成することである。しかし、コメントと言っても、ここも決して文献学的な説明をするわけではない。公案に対しての一種の解釈であるのは確かであるが、注釈というものの一般的な役割——テキストの意味を解明したり、典拠のような情報を補ったりする——とは全く異なった目的をもつ。後で具体例を見るが、ひとまずは、テキストの意味よりも、テキストの向こうにある修行者の立場からの悟りの体験を中心に施されていると言える。そして、看話禅では修行者一人一人が公案と向き合うのに対して、文字《もんじ》禅《ぜん》では作詩や解釈を加える形式であるため、公開できるような宗教書兼文学作品の作成につながるのである。その代表的なジャンルが、幾つかの公案とそれに対するコメントを集めた公案集である。

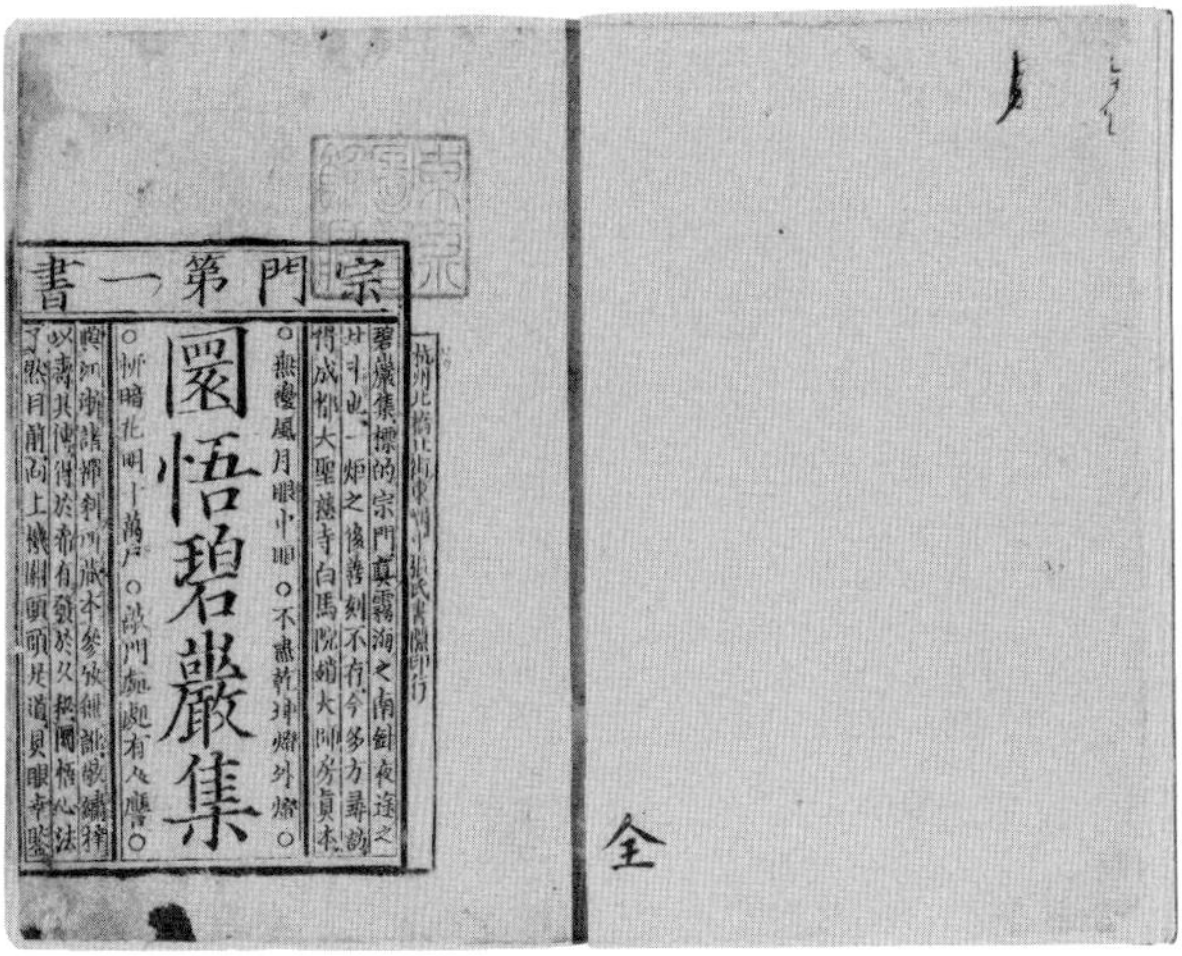

図２　『碧巌録』五山版

　このジャンルの傑作は、複雑な作成過程の末に出来た『碧巌録』である（図2）。雪竇重顕《せっちょうじゅうけん》（九八〇—一〇五二）という禅僧が百則の公案に対して頌《じゅ》（仏教をテーマにした漢詩）を賦して『雪竇頌古《じゅこ》』（頌古は古則——公案——に対して作られた頌＝漢詩の意）を著した。さらにその『雪竇頌古』について圜悟克勤《えんごこくごん》（一〇六三—一一三五）が提唱（講義）を行い、その提唱の記録が『碧巌録』になった。テキストの構造は次のようになっている。まず、初めに「垂示《すいじ》」と呼ばれる圜悟の文がある。それは一種の「前振り」であり、公案と直接関係がないように見えて実はその全体的なテーマとも関連した（内容の要旨を先取りした）ものである。次に「本則」――つまり公案自体――が取り上げられる。そのあと、「評唱」という圜悟の説明がある。そして雪竇の「頌」（漢詩）があって、さらにそれに対する圜悟の「評唱」がもう一つある。また、本則と頌のところに短い圜悟のツッコミのような「著語《じゃくご》」がたくさん挟み込まれている。百則の公案があるため、そのパターンが百回繰り返されているわけである。

宋代では、『碧巌録』に倣って作成された禅籍が幾つかある。例えば、曹洞宗の有名な禅僧である宏智正覚《わんししょうがく》（一〇九一―一一五七）の百頌古に対して孫弟子に当たる万松行秀《まんしょうぎょうしゅう》（一一六六―一二四六）が著語や評唱を附した『従容録《しょうようろく》』は曹洞宗においてたいへん重視されている。また、それほど有名でないものとしては、丹《たん》霞《か》子淳《しじゅん》の頌古百則について林泉従倫《りんせんじゅうりん》（生没年不詳）が評唱した『虚堂集《きどうしゅう》』や、投子義青の「頌古百則」に対して同じ林泉従倫が同じパターンで評唱した『空谷《くうこく》集《しゅう》』などがある。それらのテキストは一般的に公案集と呼ばれているが、単に公案を集めたものではなく、その最大の特徴は公案に対して付けられている多様な禅的な解釈である。たまにしか目にしないが、「評唱録」という呼称の方が正確であろう。そして、『碧巌録』をモデルにした「評唱録」の一つが『無門関』である。

そして『無門関』

『碧巌録』をはじめとする評唱録のほとんどは同じ構成を共有している。つまり、A僧が幾つか（たいていは百）の公案に対して頌古を詠んで、その後B僧がその全体を対象に評唱するというものである。しかし、『無門関』の場合はすべてが無門慧開《むもんえかい》（一一八三―一二六〇）という一人の禅僧によって作成された。たいていの公案集は複数人によって出来上がるから、「著者」という概念は使いにくいが、『無門関』の場合だけは、無門慧開の著作であるといっても問題ないであろう。彼は臨済宗の僧で、月林師観《げつりんしかん》（一一四三―一二一七）という禅師の下で看話禅の修行に励んだ。その時の公案は、先ほどの引用に出てきた有名な「趙州無字」であった。六年間も苦労した末にやっと悟りを開くことができた無門にとって、「無字」の公案は特別なものであったと容易に想像できる。その後、無門は幾つかの寺院の住職を歴任し、皇帝に認められるほどのキャリアを送った。

『無門関』の序文で、無門は自ら作成過程を述べていて、それによると、紹定元年（一二二八）の夏、龍翔寺《りゅうしょうじ》の修行僧たちを指導するために四十八則の公案を用いて、その時の教えをまとめたのが『無門関』（正確には『禅宗無門関』）になった。翌年、当時の皇帝である理宗《りそう》（一二〇三—六四、在位一二二四—六四）の誕生日に合わせて刊行された。そして、淳祐《じゅんゆう》五年（一二四五）に再刊され、また翌年の淳祐六年に第三版が刊行された。第二版の刊行の際にも、第三版の時にも足された部分があるが、本ブックレットではその詳細▲に立ち入らない。ただ、刊行が三回繰り返されていたということから、それなりに読まれていたことが容易に推測できる。しかし、その後の中国禅には跡を残すことが全くと言っていいほどなかったのである。

『無門関』は、『碧巌録』と同じように、その内容は公案に対しての解釈であるが、生き生きとした臨場感を見せる「著語」はないということが特色として挙げられる。しかし、同類のテキストと同じように、その目的は公案の意味を説明するのではなく、テキストを通じて弟子たちを悟りに導くことである。無門が書いた「自序」が次のように始まる。▲

仏が言葉で表した心は〔教えの〕根本であり、門無き門はその教えの入り口である。

言い換えれば、禅の教えはブッダが説いた教えに他ならないが、その奥義に達す

『無門関』作成過程の詳細　柳幹康「『無門関』解題」（『新国訳大蔵経 中国撰述部①—6 法眼録・無門関』、大蔵出版、二〇一九年）、二七一頁に作成過程が詳しく見られる。またさらに詳しくは、柳幹康「『無門関』三本の比較分析——附「馳子」「馳子」考」（『花園大学国際禅学研究所論叢』一四号、一—一四頁、二〇一九年）を参照。

自序冒頭　『大正新修大蔵経』四八巻、二九二頁b。「仏語心為宗、無門為法門。既是無門、且作麼生透」。

る方法は、言葉を超えた「無門」の入り口、つまり「活句」として扱われている公案に基づいた修行である。『無門関』の最初にあって全体の代表と言ってもよいほど重要なのは、ほかでもない「趙州無字」であるが、それに対しての無門の評唱は次の文から始める。

無門は言う——「禅の修行では、祖師の関門を通り抜けなければならず、極妙なる悟りに達するには、心への路《みち》を完全に絶つ必要がある。祖師の関門を通り抜けなければ、心への路を絶たなければ、ただ草木にしがみついた亡霊のようなものにすぎない。言ってみなさい！　祖師の関門とはなんだ？　それは他でもないこの「無字」である！　それこそ我が宗門の関門だ。だから［この本を］「禅宗無門関」と名づけるのだ」。

少し難しく見えるかもしれないが、見てきた宋代禅における公案の扱いの原理を考えれば、さほどわかりにくくはないだろう。禅師たちが設けた「関門」が公案である。それを通るのは、つまり文面上の意味の向こうにある悟りを体験するには、普段の感情や理性を切り捨てて心への路を封鎖し、論理などに一切頼らずに公案に集中すべきである、そうしないと本当の自分である悟った自分に気づかず

▲「趙州無字」評唱　『大正新修大蔵経』四八巻、二九二頁c。「無門曰、参禅須透祖師関、妙悟要窮心路絶。祖関不透、心路不絶、尽是依草附木精霊。且道、如何是祖師関。只者一箇無字、乃宗門一関也。遂目之曰禅宗無門関」。

に植物のようでありつづけてしまう、そうならないために「無字」の公案こそが禅宗の通るべき関門である――ここで「無字」は公案全体の代表になっていると言ってよいであろう。その公案はテキストでありながら、文章の意味にしがみつかずに文章を取り扱うべきとされ、まさに門のない関門のようである。それを集めた本を『禅宗無門関』と名づけるのはそのためである。

ここで、いったんまとめておこう。まず、宋代の禅がもたらした新しい見解のなか、弟子たちの指導のために公案をベースにした提唱がテキスト化され、『碧巌録』が成立した。これにより、一つのジャンルが誕生した。それに倣って無門慧開は『禅宗無門関』を著して刊行したが、このように一人で完成させるのは異例のことであった。無門は当時名が知られていた禅僧ではあるが、禅思想史全体を見れば、『碧巌録』の圜悟克勤や『従容録《しょうようろく》』の基になった百頌古を作詩した宏智正覚と肩を並べるほどではない。また、『無門関』の内容を見ても、無門の教えや見解を提供しているというよりも、宋代における新常識を伝えているもので、そのことは、最新の研究である柳幹康氏の注釈で明らかになったところである。柳氏が『無門関』の言葉の典拠を精密に調べた結果、無門のほぼすべての言葉が既成の禅籍に由来したものであることが証明された。喩えて言えば、講師が講義を準備するためにいろいろな研究書を集めて引用するように、無門が宋代の禅風を弟子たちに教えるためにさまざまな文献を参考書にしているのである。そのなかで特に利用されたのは、禅宗でよく読まれていた『宗門統要集』▲（一〇九三年刊行）という公案集であった。いわば、『無門関』は初めから禅の教科書として作成されており、一時的には読まれたものの、本来、多数ある禅籍のなかでは特に目立つことのない書物として、詳しい専門家以外には誰にも知られない運命を歩もうとしていた。中国の禅宗史から見て、メジャーなテキストであるとは言えないものだったのである。しかしそれは禅宗に限ったことではないだろう。考えてみれば、書物のうちで今日までに名前を残せたものなど、実際に著作されたなかでほんの一握りにすぎないのである。日本から見ると、なぜあれだけ有名な書が中国で忘れられたのかという疑問を感じるかもしれないが、実は検討すべきなのはむしろ、なぜ『無門関』が日本で著名になったのかという点であろう。そうした問いこそが、日本における『無門関』の物語の開幕を告げる。

『宗門統要集』　石井修道「書評西村恵信訳注『無門関』」（『花園大学文学部研究紀要』二八号、一九九六年）、一一三―一三六頁。

二▼日本への渡来、そして中世までの『無門関』

1　日本へ渡る『無門関』

歴史の教科書などでは、栄西と道元によって臨済宗と曹洞宗が日本に伝来したとされていることが多い。実際のところ全く間違っているというわけではないのだが、状況はもっと複雑であった。いつ、誰によって禅が輸入されたかという問い自体が、誤解を招きかねないのである。平安末期から禅籍が日本に入り、また留学僧が禅の教えを輸入した後は、渡来僧を通して徐々に普及したが、一つの教団としての「臨済宗」と「曹洞宗」▲は日本で形成されたと考えた方がよいように思われる。そして、その形成を語る前に、「宗」の意味を考え直す必要があろう。日本仏教研究者の末木文美士氏がしばしば指摘するように、日本で「宗」が現代のように特定の教えを共有する宗教団体という意味になりはじめたのは、鎌倉時代のことである。その過程はかなり複雑であるが、極端に簡略化してしまえば次

臨済宗と曹洞宗　歴史的な観点からすると、日本の「禅宗」という言い方は避けた方がよい。明治時代の短い時期を除けば、日本では必ず臨済宗と曹洞宗（近世の黄檗宗は臨済宗から生まれた）の二宗が共存した。思想史の観点に立つと、ことはもっと複雑になり、「禅宗」の指しているものの定義がいっそう難解になる。

のようにまとめられる。鎌倉時代までには、それぞれの「宗」（律宗、法相宗、等々）が仏教全体の一部、あるいはその教えを見る一つの観点であった。末木氏が使う比喩でいうと、大学の学部や学科に近い感覚であった。例えば律宗は、実践や僧侶の生活に必要な規則——戒律——を重視している宗派だが、いくら大事でもそれがブッダの教えのすべてであるとはもちろん思われていなかった。戒律の専門家であったといっても、仏教の他宗派の教えを軽視しているわけでは決してないのである。歴史を専攻している学生が経済学を勉強したい時にその学部の授業に出るように、律宗の僧侶たちも、教理の違う面の勉強をしに他宗のところに修行しに行っていた。すべての宗が集まってこそ、仏の教えが完成されていったのである。

こういった状況が変わりはじめたのは鎌倉時代であるが、その変化は漸進的で長い時間をかけて進んでいくものであった。臨済宗の場合だけを見ると、栄西は独立した団体として「禅宗」あるいは「臨済宗」を立てようとしたとはとても思えない。天台宗を基盤にした仏教観を持ち、その仏教を完成するには禅が必要であると考えていた。その後、日本僧の円爾《えんに》（一二〇二—八〇）や中国から来た蘭《らん》渓道隆《けいどうりゅう》のような数々の高僧によって禅の教えが徐々に根を下ろし、日本に現代的な意味での宗派がさまざまに築かれていくなかで、臨済宗も曹洞宗も作り上げられた。それがいつなのかを言うのは難しいのだが、一つ言えるのは『無門関』が伝来された時には、教団としての臨済宗も曹洞宗もそれほど固まってはいなかったということだ。そして当然、その間にハッキリした境界線はまだ引かれていなかった、そういう時代であった。

因《ちな》みに、ここで臨済宗と曹洞宗についてありがちな誤解を見てみよう。日本人にとって、「禅の宗派」と言えばどういうイメージが湧くだろうか。もちろん人それぞれだろうが、「ちんぷんかんぷんな問答をする臨済宗」と「ひたすら坐禅をする曹洞宗」を思い浮かべる人が多いのではなかろうか。実際に、今日においては、公案に基づいた修行をもって見性《けんしょう》（悟り）を探求する臨済宗に対して、曹洞宗はひたすら坐禅をすること自体に悟りの境地を見るとして、「ただ坐るだけ」（いわゆる「只管打坐《しかんたざ》」）を基盤とした修行を主張している。確かに、公案は臨済宗のもので、曹洞宗と無関係であると言われるのは納得できそうだ。しかし、やはりそれは簡略化されすぎた説明であって、実は曹洞宗も公案と無縁であるわけではない。既に述べたように、禅籍由来のエピソードを意味する「公案」と、その使用法の一つである「看話禅」は混同されることが多い。現在公案を使うのははほぼ看話禅を実践する臨済宗であるから、その誤解が起きるのは無理もないが、曹洞宗でもまた違う形で公案は重視されている。日本曹洞宗の聖典と言える道元の『正法眼蔵《しょうぼうげんぞう》』で公案がたいへん重要とされているのは、それを充分証明している。しかし、それだけではない。実は、近世まで曹洞宗も看話禅を実践していたのである。そして、その曹洞宗の看話禅の歴史を見ると、大きな役割を果たしたのは、ほかでもない『無門関』であった。一方、近世中期までの臨済宗では、『無門関』が読まれたり実践に使用されたりする痕跡はほとんどない。つまり、このような歴史を見れば「曹洞宗は公案を使わない」「『無門関』は臨済宗のテキストである」という「常識」が、本当は誤解であることが明らかになるのである。

現在から見ると、なぜ、どういうふうに『無門関』が臨済宗と曹洞宗の壁を越えられたのかという疑問を抱きそうだが、もうおわかりのように、その壁が建てられる前に『無門関』は渡来していたのである。日本における『無門関』の物語を描き出すには、登場した時の背景をしっかり把握する必要がある。その背景——当時の仏教界の状況、普及を可能にした人脈など——の中心には、無本覚心（一二〇七—九八）という一人の禅僧がいた。

無本覚心と『無門関』

無本は『無門関』を日本に持って帰った人であるが、それだけではなく、その普及を可能にする条件をもたらした人物でもある。前述のように、『碧巌録』は複数の禅僧によって作成されたが、複数の禅僧によって伝えられたとも言える。というのも、著名な禅籍であるということは、特定の人によって伝来したというよりも、中国から流れてきた禅籍の波にごく自然に含まれていたということを意味するからである。それに対して、『無門関』は一人によって作成されただけではなく、一人の禅僧により日本に伝えられたものだったのである。

承元元年（一二〇七）に生まれた無本覚心（図3）は十九歳（伝記によって二十九歳とも）の時に東大寺で出家した後、真言宗の密教を学び、また禅の修行にも励んだ。鎌倉時代には、臨済宗の教えが日本に伝えられていたわけだが、密教と融合する教えが主流になる。その禅法の代表者は円爾で、彼の国師号の聖一《しょういち》（「しょういつ」とも）を取って彼を開祖にする流派は聖一派という。無本覚心は聖一派に属していないが、同じように禅と密教を兼修していたのは当時の禅の傾向から見て至って当然のことである。また、仁治二年（一二四一）にかの道元に菩薩戒を受け、一年ほどその下にいて、栄朝（？—一二四七）という禅密僧に五年間師事した後に、入宋《にっそう》を決心して宝治三年（一二四九）に中国へ渡った。円爾から、彼の師であった中国の高僧の無準師範《ぶじゅんしばん》（一一七四—一二四九）への紹介状を預かっていたが、大陸に着いた時に既に遷化《せんげ》（死去）していたため、他の師匠を探すことになった。結局、無門慧開を勧められてその下に参じ、その指導を受けて早く悟りを開くに至った。帰国の際に無門の師である月林の語録、そして無門の代表作である『無門関』を持ち帰った。

このように、『無門関』が日本の土を踏むようになったのは無本の留学によるのだが、日本に定着できたのもやはり無本の、そして彼を開祖とする法燈《ほっとう》派の成功があったからである。帰国後の無本が高野山の金剛三昧院《こんごうざんまいいん》に行って、次の年その住持になったことに、当時の臨済宗と密教の緊密な関係を改めて確認できる。そして、正嘉二年（一二五八）五十二歳の時に、将軍源実朝の家臣であった願性《がんしょう》（?――一二七六）に誘われて紀伊・由良の西方寺（現在は興国寺）に居を定めた。鎌倉や京都にある大寺院に住持しなかったのだが、それは権力者に評価されなかったからというわけではなかった。無本は亀山上皇の帰依を得て法燈《ほっとう》という号を授かりながら、鎌倉・寿福寺の住職になるのを断り、京都への招きも三度にわたり断ったのである。

このように、『無門関』は確かに一人の僧だけによって伝来したのだが、著者の弟子であるその無本覚心が高僧になって、それなりの影響力を持った。彼から始まる法燈派は、臨済宗の全体から見ても大きな流派であった。

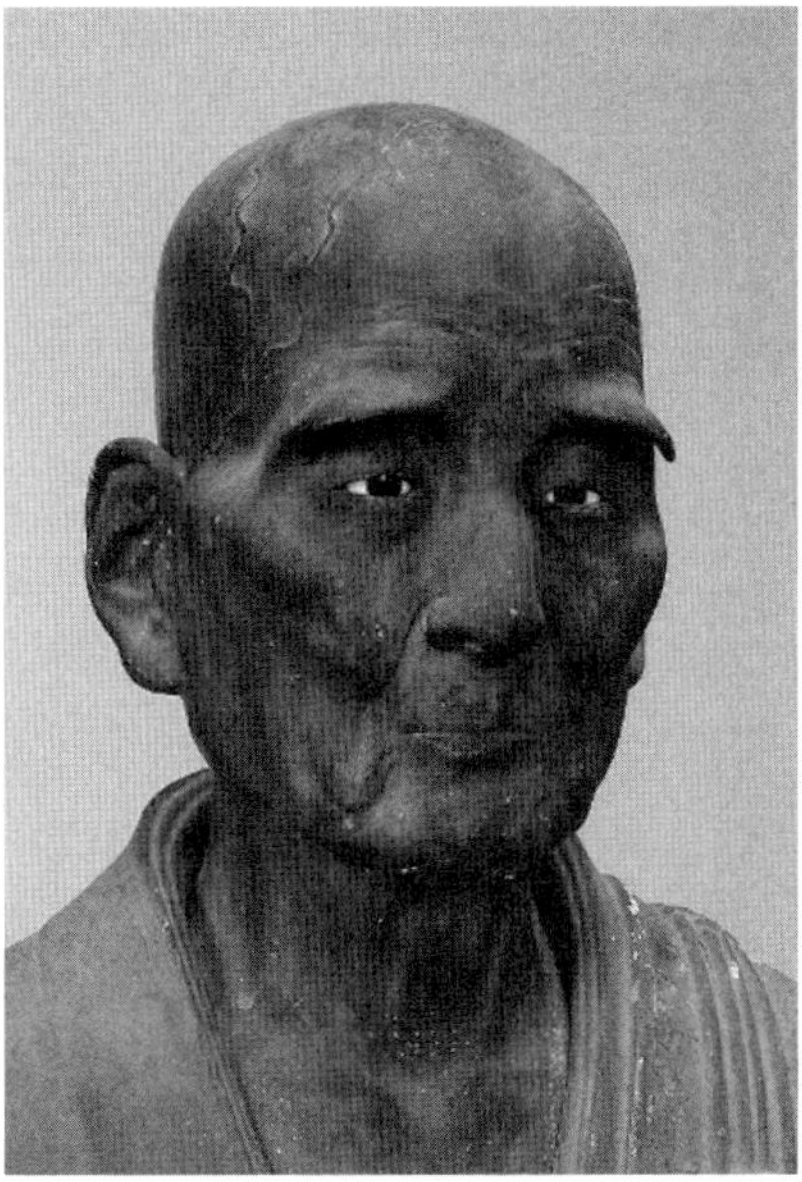

図3　無本覚心（「法燈国師坐像」円満寺蔵）

豊臣秀吉が紀州を攻めた際に興国寺が焼失した後、法燈派は衰えはじめ、現在の興国寺は妙心寺派に属しているが、中世末まで重要な一派であったことは忘れてはならない。そして、『無門関』の定着を考える時に指摘すべきもう一つの点は、曹洞宗との深い関係であろう。

曹洞宗総持寺（永平寺とともに曹洞宗大本山）を開山した瑩山紹瑾《けいざんじょうきん》（一二六八―一三二五）は覚心に参じていた。また、瑩山に参じていた恭翁運良《きょうおううんりょう》（一二六七―一三四一）は後に覚心のところに行き、やがてその法嗣《はっす》になったが、また曹洞宗の寺院である大乗寺（石川県）の住持になった。もう一人の法嗣の孤峰覚明《こほうかくみょう》（一二七一―一三六一）が瑩山に参じて菩薩戒を受けたことも示すように、最初の時期から法燈派と曹洞宗の間では盛んに交流がなされていた。

要するに、『無門関』の作者である無門慧開が臨済宗の僧であり、その法嗣で『無門関』を日本に伝来したのも臨済宗の禅僧であって、また、現在では『無門関』を重用するのはやはり臨済宗であるため、日本における『無門関』の物語は臨済宗だけを舞台にしてよさそうに見える。がしかし、教えの面――つまり看話禅の実践――から見ても、人の繋がりから見ても、無本覚心のまわりで、そして彼の後でも、臨済宗と曹洞宗の間の壁は簡単に越えられていた。これからいよいよ日本における『無門関』の具体的な歴史を見るが、その際、臨済宗に限らず曹洞宗の方にも目を向けなければならないということはこれまで述べてきたことによって自明になったであろう。

中世の『無門関』、臨済宗の刊行と曹洞宗の注釈

日本における『無門関』の物語は無本覚心の帰国から始まる。その時――鎌倉時代――には今日のように「禅の名著」という肩書きはなく、「名僧の無本覚心が将来した書」として入ってきた。そして、その物語は、『無門関』が登場し、受け入れられ、評価され、日本の禅門や日本社会に広まったという筋となる。

しかし、ここで我々が検討している『無門関』は十三世紀に作成されて来日した本である。言うまでもないが、日本の商業出版が本格的に始まるのは江戸時代であるため、『無門関』の受容や知名度を知るために現在のように売り上げなどさまざまなランキングを当てにすることはできない。また、当時どのくらい話題になっていたかを知るのに今日のようなメディアやSNSもないので、これも測るのは困難である。確かに、当時の文学作品、日記、書簡などには書物についての記述が散見でき、「あの本が知られていた」とか「この本が評価されていた」とか言えることはある。中世では『徒然草』がそれほど読まれていなかったのに、十七世紀になると爆発的に読者を得たと明らかにした川平敏文氏の研究▲は、その

川平敏文氏の研究　川平敏文『徒然草の十七世紀』（岩波書店、二〇一五年）。

見事な例である。しかし、そのやり方だけで、『無門関』が日本に初めて将来された中世当時の状況を明らかにすることはできない。中世の禅籍の受容を見る時には、やはり中世の禅籍の特徴を考えて検討する必要がある。では、残された資料から、中世における『無門関』について何を言えるのかを見てみよう。

2　静かな二百年

『無門関』は日本に入ってすぐ有名になったわけではない。逆に、現存の資料から判断するかぎり、あまり人気を得ていなかったようである。無視されたとまではいえないが、鎌倉時代から伝存する大量の書籍のなかでその一つたる『無門関』が特別な位置に立っていたとは思われない。まず、その状態とその背景を確認しよう。

刊行から見える慎ましさ

無本覚心が帰国した建長六年（一二五四）より三十七年後の正応四年（一二九一）に『無門関』は日本で初めて刊行された。この版はいわゆる「五山版」に属するものであり、何部が作成されたのか、あるいはどのくらい読まれたのかはよ

刊記　「旧板磨滅故。重命工鋟梓畢。這板置于武蔵州兜率山広園禅寺也。応永乙酉十月十三日」（『大正新修大蔵経』四七巻、二九九頁c）。

くわからない。現在唯一残っているのは大中院が所有して、京都国立博物館が預かっているものである（図4）。臨川書店の「五山版中国禅籍叢刊」の十二巻『注解・公案』に影印本というかたちで全書が載っている。

そして、応永十二年（一四〇五）に改めて刊行されたと思われる。というのは、応永版は現存しないが、江戸時代以降に伝えられたテキストの刊記に「旧板が磨滅した故に」再刊されたと記されており、応永乙酉（十二年）十月十三日という日付が載っている。▲その次の刊行は江戸時代に入ってからになる。

因みに、現代版のほとんどは、大正新修大蔵経に収められてあるテキストを使用している。大正大蔵経は、周知のとおり、漢訳仏典をほぼ網羅的に刊行しようという壮大な企画である。その主な底本として使用されたのは韓国の海印寺に版木が保存されているいわゆる高麗大蔵経であって、高麗大蔵経自体は北宋の勅版大蔵経を基盤にしている。つまり、中国の大蔵経が韓国に保存されていてそれが大正大蔵経の基盤になったわけである。しかし、中国宋代の大蔵経にも、朝鮮の大蔵経にも、『無門関』は収められていなかった。しかし、大正大蔵経が出来た時代には『無門関』を無視することはで

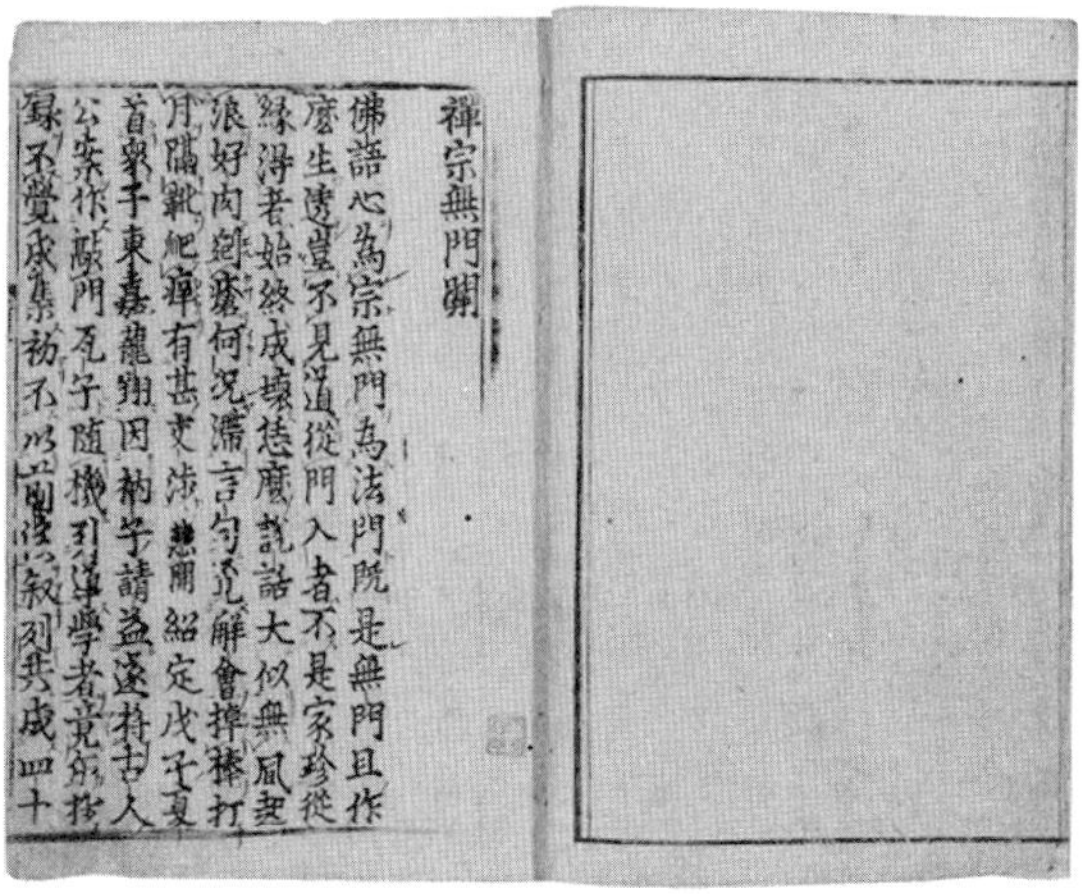
禪宗無門關
佛語心為宗無門為法門既是無門且作
麼生透豈不見道從門入者不是家珍從
縁得者始終成壊恁麼説話大似無風起
浪好肉剜瘡何況滯言句覓解會掉棒打
月隔靴爬痒有甚交渉慧開紹定戊子夏
首衆于東嘉龍翔因衲子請益遂將古人
公案作敲門瓦子隨機引導學者竟爾抄
録不覺成集初不以前後叙列共成四十

図4　版本『無門関』

きなかったため、日本の江戸時代の版本を底本にしたのである。

　要するに、中世では十三世紀の終わりと、十五世紀冒頭に二回の刊行が行われて、そのなかで現存するのは前者のみである。旧板が磨滅したということは、それなりに刷られたということを意味するのだが、単純計算をすると、それは百十四年後のことであって、大量に作られたという意味には決してならないのである。

　川瀬一馬氏の『五山版の研究』▲を頼りに『無門関』のモデルでもあった同ジャンルの書籍の『碧巌録』と比べてみよう。わかりやすくするために番号を付けて列挙すると、以下のようになる。

①　最初の刊行は「玉峯刊本」と呼ばれている本で、『無門関』が来た時代よりやや遅れて南北朝時代前半に作成されたようである。
②　南北朝後半には、その復刻が刊行されている。
③　室町初期に、もう一つの復刻が行われた。
④　それと別に、南北朝時代に東福寺版が作成された。
⑤　それに近い版がその少し後に出版された。
⑥　応永八年（一四〇一）に別系統の版本が刊行された。
⑦　それらに加えて、地方版として、室町初期に東福寺系の本が刊行される。
⑧　文明年間（一四六九―八七）には瑞龍寺版が出る。

川瀬一馬『五山版の研究』（日本古書籍協会、一九七〇年）、上巻、四三〇―四三四頁。

⑨　室町中期以降には本源禅寺版が出る。
⑩　享禄三年（一五三〇）前後に刊行された日向版もある。
⑪　室町中期か後期の妙心寺版もある。
⑫　そして、無刊記の本がさらに五本刊行された。

つまり、十四から十六世紀の間に『碧巌録』がなんと十六回も刊行された。しかも、版によって状況は変わるが、現存する書物の数がその広まりや出回っていた部数を想像させる。さすが「宗門第一の書」と感嘆したくなるほどである。確かに『碧巌録』は禅籍の絶大なスターであり、それと比較してしまえば、ほとんどの書籍が地味に映ってしまう。だが、それにしても『無門関』がたった二回の刊行となると、現存する資料の少なさとともに、当時の慎ましい地位を窺わせるのである。

影の薄い中世の『無門関』

『碧巌録』と意地悪く比べてしまうと、『無門関』がどれほど知られていたのか心配になってくる。一言で答えてしまえば、ひっそりと潜伏していたと言える。具体的には、中世の禅僧の作品などに『無門関』は時々言及されているが、作成された厖大な中世禅僧の書籍からすると、その記述はほんのわずかと言わざるを得ない。虎関師錬（一二七八―一三四六）によって著された最初の日本仏教史書とされる『元亨釈書《げんこうしゃくしょ》』には、無本覚心の伝記があり、そこに当然ながら『無門関』を伝来したことが記されている。しかし、いわゆる「五山文学」のなかに探しても、無本覚心に関する記述のついでに『無門関』の名が見られるのは、管見のかぎりでは三、四ヶ所ほどしかない。その一方、同じ五山文学で『碧巌録』に関する記述（正確には『碧巌集』として記されることが多いが）を見るとやはり多数であることが確認できる。しかも、『無門関』は無本が持って帰った書物としてしか登場しないのだが、『碧巌録』は読まれているテキストとして登場する。ここでも、『碧巌録』と比較すると『無門関』の慎ましさが際立つのである。

まとめると、『無門関』は中世前半に存在していたのは間違いないが、地味な存在であったと言わざるを得ない。刊行されたとはいえ、大きな影響力を持っていたとはとうてい思えないのである。やはり、無本覚心が法燈派の開祖であるということが必ずと言っていいほど記述されていることは、テキストとしての知名度の弱さを意味している。五山版の『無門慧開和尚語録』が鎌倉末期に刊行されたことも法燈派の影響であったと想像できなくもないが、両書は内容の魅力よりも流派の忠義心によって刊行されたと考えるのが妥当であろう。

少し考えてみれば、それは自然な流れである。中国でもさほど成功しなかった書籍が、一所懸命中国禅に習おうとする時代の日本で成功するはずがない。酷なことに、無本覚心自身も『無門関』の話をしていた痕跡は筆者の管見のかぎりはないのである。

このように、刊行状況や五山禅僧のテキスト、あるいは中世禅師の語録などを見れば、『無門関』は重視されるどころか、ほとんど無視されていたという結論に至る。しかし、その状況が江戸時代まで続くかと言えば、そうではない。実は、『無門関』が日本禅にほとんど影響がなかった時期は二百年ほどのことであった。しかし、刊行史や禅僧の文学や語録などだけを見ていると、十六世紀の初めに起こった重大な動きを見落としてしまう。その動きが確認できる資料とは、「抄《しょう》物《もの》」と「密参録《みっさんろく》」である。これは臨済・曹洞両宗の思想史を考える時に非常に重要であって、『無門関』の受容を検討する時にも当然欠かせない情報源である。そこで、いったん『無門関』から離れて「抄物」と「密参録」とは何かを見てみよう。

三▼禅僧と書籍——抄物と密参録の世界

1　抄物とは

中世後半から近世にかけて、禅僧たちが大量の抄物《しょうもの》と呼ばれるテキストを作成した。一般的には「抄物」は「講義録」「注釈書」などと説明されていて、辞書を引くと、「室町中期から江戸初期にかけて、漢文体の原典を五山の僧や儒家が平易に講釈したものの筆録」（『広辞苑』）などと説明されている。この説明に特に異論はないが、日本禅の歴史では避けて通れない重要な資料集であるから、もう少し詳しく見よう。

まず、誤解を防ぐために「抄物」という言葉が何を指しているのかを明らかにする必要がある。平安時代中期には同じ字に「しょうもち」という読みが見られるが、室町時代の用例を見ると「しょうもつ」という読みが一般的だったようである。その意味はもちろん「抄」された「物」であるのは言うまでもない。「物」は書物を指していて特に理解に苦しまないが、問題は「抄」である。大塚光信氏の指摘▲によれば、この字にはまず謄写《とうしゃ》という意味がある。つまり、抄物《しょうもつ》は写されたテキストであるが、ただの写しでないのは次の二つの特徴による。まず、ある書物の全体ではなく抜粋して写す場合が多い。例えば、『方丈記』には、鴨長明が庵に持ってきたもののリストとして次の文がある。▲

即《すなわ》ち、和歌《わか》・管弦《かんげん》・往生要集《おうじょうようしゅう》如《ごと》きの抄物《しょうもつ》を入《い》れたり

ここでは、『往生要集』という浄土系の仏典の全体の写しというより、抜粋を指していると考えられている。「抄された物」は「写された物」から、「部分的に写された物」へ変化し、抜粋を指すようになった。また、一つの原典に限らず、複数のテキストを写し集めることも行われたので、抄物《しょうもつ》は選集に近い意味になる場合もある。

もう一つの特徴は写された文に注を施すことにある。テキストを書き写す時、人名や地名等に説明を補ったり、珍しい言葉の説明を補ったりするという進化はごく自然であろう。ただし、その注は必ずしも謄写の時に考えられたものに限らない。多くの場合、講義の際などに口頭でなされた説明が誰かに書き留められたものである。このように、抄物《しょうもつ》は抜粋や選集または注釈書の性格を持つ資料を指

大塚光信氏の指摘　同「抄物概説」、『中華若木詩抄・湯山聯句鈔』（新日本古典文学大系91、岩波書店、一九九五年）。

鴨長明のリスト　安良岡康作『方丈記全訳注』（講談社学術文庫、一九八〇年）、一三七頁。

す言葉であった。

　では、ここで検討したい文献群である「しょうもの」は室町に言われていた「しょうもつ」ではないのかという疑問が自ずと湧いてくるが、実は少し異なる。抄物《しょうもつ》は室町時代の文献に確認できる言葉であるのに対して、抄物《しょうもの》は現代の学問が作った用語である。柳田征司氏が指摘するように、国文学や国語学には、一つの分野の文献を「〇〇物」と呼ぶ傾向がある。「往来物《おうらいもの》」「軍記物」などのように、学者たちがあるタイプの資料を「物」で括《くく》りたがるのである。それに倣って、言語学者の新村出《しんむらいずる》（一八七六―一九六七）が室町時代から作成された文献の一種の注釈書を「抄物《しょうもの》」と初めて呼んで、その後用語として定着した。▲題名の多くは「〇〇抄」（あるいは「〇〇鈔」）という形を取っているので、自然な呼び方である。

　抄物《しょうもの》の明確な定義がないので、極言すれば「抄物《しょうもの》」は研究者たちが「抄物」と呼んでいる資料であると言ってしまうこともできる。とはいえ無論、気まぐれで決められたわけではない。今ここで言及している抄物には、幾つかの共通点がある。まず、そう呼ばれている資料の多くが「〇〇抄」と題されている点は、いちばんわかりやすい特徴と言えるが、必ずしもその形をとっているというわけではない。『蓑庵剰馥《さあんじょうふく》』や『扶《ふ》桑再吟《そうさいぎん》』のように、題名から内容を予測しにくいものもある。それでもやはり「〇〇抄」と称されている資料の方が圧倒的に多い。

「抄物《しょうもの》」の定着　柳田征司「「抄物（しょうもの）」という語の成立と定着」（『室町時代語資料としての抄物の研究』、武蔵野書院、一九九八年）、二二一―三二一頁。

抄物の絶対条件を探すのであれば、やはり漢文の原典に対しての注釈であることだと言える。しかし、文献の注釈そのものは厖大にあるわけであって、そのなかで抄物と称すべきものは、禅僧と博士家の学者、医師、神道家、他宗派の僧などによって作成されたものだけである。

また、最後に挙げるべき特徴は、その注釈の過程である。注釈を施す学者と言われて多くの人々がイメージするのは、机に向かい、開いた参考書の山のなかで一所懸命筆を走らせる姿であろうが、抄物は講義録であって、講師や聞き書きをする人などが参画する一種の共同作品である。そのため、抄物に見られる言葉は純粋な文語体ではなく、口語体も含まれている場合があり、抄物が国語学者に重視されてきたいちばんの理由はそこにある。ある老師——またはある博士——の講義内容を書き手がメモをとって、それが抄物の素材となるというのが、いちばん一般的な成り立ちである。もちろん、比較できる録音が残っているわけではないから、どこまで忠実に記録されているかはわからない。ただ、中世末期の日本語を研究するには、キリシタン資料や狂言の台本と並んで非常に重要な資料である。

さて、すでに長い脇道を通ったのだが、『無門関』に戻る前にもう一つ、抄物の間に見える根本的な違いについて説明する必要が残っている。

2　抄物の二種

抄物は、テキストを注釈するために行った講義の記録であるというだけでも、我々にたいへん有益である。なぜなら、中世の禅僧によって伝来された無数の書籍のなかで、どれが実際重視されていたのかを教えてくれるからである。例えると、大学の図書館に本が置かれているだけでは、この本がどのくらい読まれていたか、大事にされていたかはわからない。予算と保管場所さえあれば、いくらでも入手できるから、重視された本と一回も読まれなかった本の区別は付きにくいのである。しかし、その本をテーマにした講義や授業が行われていたのなら、話は一気に変わってくる。その本が読まれただけでなく、少なくとも一人の講師に重視されて学生たちなどに紹介されたということを意味する。その講義や授業がほぼ全国の大学にあったら、間違いなく重要な本であると言える。同じように、抄物を開かずとも、その原典が講義されるほど重視されたという貴重な情報を得ることができるのである。実際、抄物の原典となったものも多くあるが、中国から渡ってきた漢籍や仏典の数と比べたらずっと少ない。こう見ると、なぜ『無門関』の話から離れて、一見関係のない抄物についての少々長い脱線をしたのかが

幻住派　実際、幻住派の場合は少し複雑で、五山と林下《りんか》にまたがっている。五山派の人が幻住派の法も兼ねて嗣ぐことがあるが、大きく分ける時には林下に属すると見てよい。

おわかりいただけるであろう。五山版の刊行史においても、五山文学や語録を見ても、決して目立つことのない存在である中世における『無門関』をきちんと検討するには、抄物という貴重な資料を見ることを忘れてはいけないのである。しかし、単にその抄物が存在していた、つまりある原典が講義されていたという事実を言うだけでは、不充分である。その抄物の存在が語る重要な事情を把握してこそ、日本の禅史における『無門関』の位置がわかるようになるのである。

『無門関』が日本に入った時に宗派の境目はまだぼやけていたのだが、抄物が作成されはじめるのは室町時代に入ってから、早くても南北朝時代である。その時には教団としての臨済宗と曹洞宗が出来ていて、そのなかがさらにいろいろな流派に分割されていた。日本には禅の二十四派が伝授されたとされていて、そのうちの二十派は臨済宗に属するのだが、抄物の観点に立てば、五山派（大応派、幻住派《げんじゅうは》以外の臨済宗および曹洞宗宏智派の総称）、大応派（大応国師（南浦紹明《なんぽしょうみょう》、一二三五―一三〇八）とその弟子である大燈国師（宗峰妙超、一二八二―一三三七）に始まる大徳寺派と妙心寺派）、中国禅僧の中峰明本《ちゅうほうみんぽん》（一二六三―一三二三）の法系を嗣《つ》いだ幻住派、▲それに曹洞宗、の四つのグループに分けることができよう。僧侶の人口の面でも、影響力の面でも、その配分は決して均等なわけではない。特にここで検討している中世では、五山派――つまり幕府が設立した五山制度に属する寺院の禅僧たち――が圧倒的に僧侶の数が多かったし、政治的にも文化的にも強い力を持っていたが、その四つのグループにはそれぞれの特色があって、それを意識しながら抄物を見ることには充分に意義があるだろう。また、その四つのグループをさらに大きく分けて、抄物を二つに分類することができる。

テキストを注する五山派

抄物研究に絶大な貢献を果たした柳田征司氏の『室町時代語資料としての抄物の研究』に抄物の対象になった原典のリスト▲を載せているが、それを眺めると禅僧たちの教育の幅広さを確認できる。概観すると、次のカテゴリーが見える。まず、数は少ないから忘れられがちだが、国書がある。日本人が編纂した詩集（『湯山聯句』、『中華若木詩』など）が多いが、『日本書紀』や道元の語録のような日本の散文もある。しかし、やはり量的には漢籍を原典にした抄物が圧倒的に多い。外《げ》典《てん》（仏教書ではないテキスト）としては儒書や史書、つまり中国の文人の基本教育に必要なテキストが日本の禅僧にも熱心に読まれていたことがよくわかる。おそらくいちばん熱心に学ばれていたのは漢詩であろう。特に、宋代の周弼《しゅうひつ》（一一九四―一二五五頃）が編集し、一二五〇年に中国で刊行された『三体詩』が禅僧たちの間に爆発な人気を得て、それを対象にしている抄物がきわめて多い（図5）。

▲抄物の原典リスト　同書（前掲）、九―一〇頁。

そして、内典（仏教書）には経典（『首楞厳経《しゅりょうごんきょう》』、『法華経』、『梵網経』など）のほかに、数々の禅籍がある。他宗の仏書は稀にしかない（例えば天台宗の『四教儀』）が、それは当然のことだと言えるであろう。ただ、鎌倉時代の禅と密教の関係を考えれば、密教の文献の抄物がないという事態は注目に値する。初期日本禅の主流だったと考えられるほど影響力が強かったいわゆる「禅密」――聖一派や法燈派――が、室町以降に思想として消えていたと強く思わせる事態である。そして、抄物の対象になっていた多数の禅籍のなかに、日本では禅籍の巨星である『臨済録』と『碧巌録』は当然のことであるが、長年地味に存続していた『無門関』も現れる。

　ここで、素朴な疑問をぶつけてみよう――なぜ禅僧たちが抄物を作るのか。実は、上に述べた四つのグループそれぞれでその答えが変わってくる。

　五山派の抄物を一言で形容すれば、学僧による講義録である。例えば、大塚光信氏が「抄物概説」という論文▲に五山派抄物作成者の代表的な存在である桃源瑞仙《とうげんずいせん》（一四三〇―八九）の抄物のリストを挙げている。そこには、『史記抄』、『漢書抄』、『周易百衲襖抄』、『蕉雨余滴』（『四河入海』所収）、『三体詩抄』、『日本書紀桃源抄』、

大塚光信「抄物概説」 同『抄物きりしたん資料私注』（清文堂出版、一九九六年）に所載。

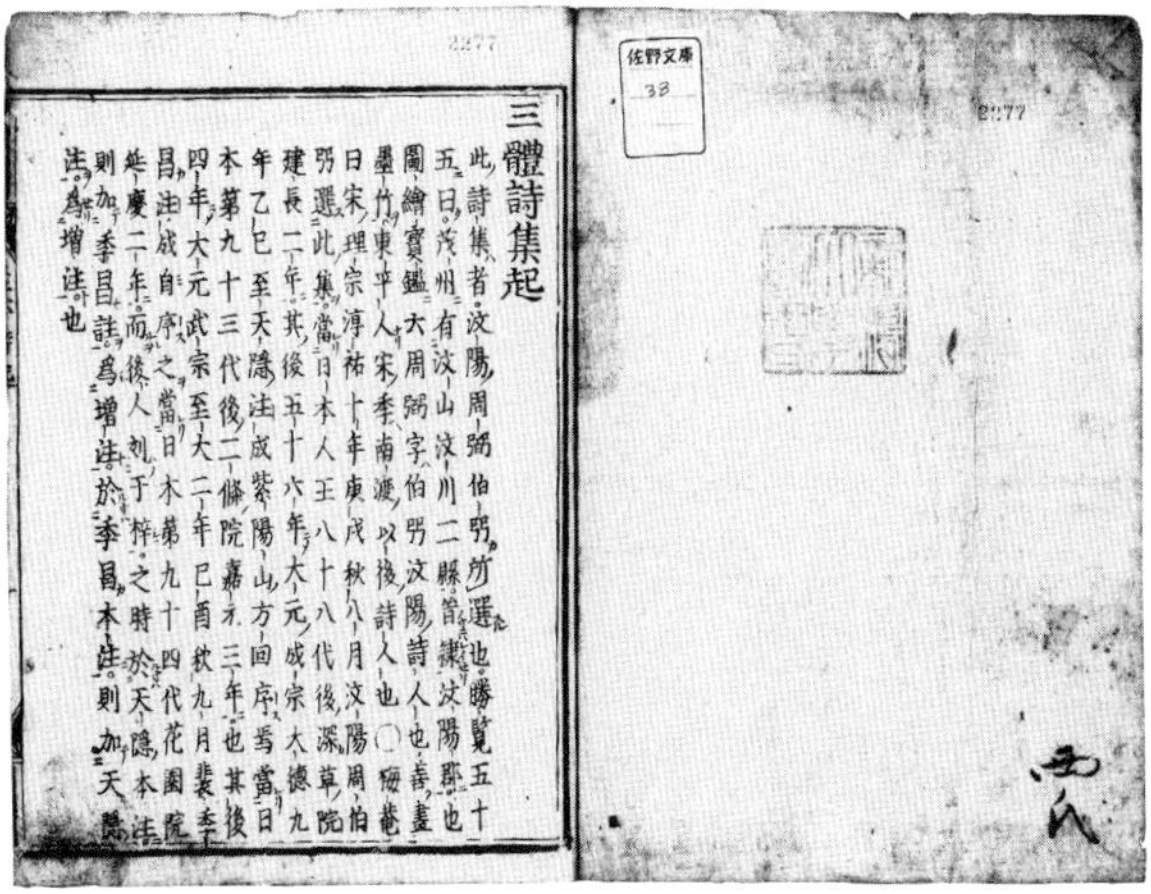
三體詩集起
此詩集者汶陽周弼伯弜所選也勝覧五十五日茂州有汶山汶川二縣皆隷汶陽郡也圖繪寶鑑大周弼字伯弜汶陽詩人也善畫墨竹東平人宋季南渡以後詩人也〇梅菴日宋理宗淳祐十年庚戌秋八月汶陽周伯弜選此集當日本人王八十八代後深草院建長二年其後五十六年大元成宗大德九年乙巳至天隱注成紫陽山方回序焉當日本第九十三代後二條院嘉元三年也其後四年大元武宗至大二年己酉秋九月裴季昌注成自序之當日本第九十四代花園院延慶二年而後人刻于梓之時於天隱本注則加季昌註為増注於季昌本注則加天隱注為増注也

図5　『三体詩素隠抄』

『首楞厳経《しゆりようごんきよう》抄』などがみられる。また、現存しない『碧岩抄』と『孟子抄』もあったようである。大塚氏も指摘するように、そこには仏書を原典としたものは、たった一つしかない。現存しないものを入れれば『碧巌録』を足せるが、決して仏典や禅籍が優先的に講じられていたとは言えない。その傾向は五山派の抄物全体にあると言える。禅籍や仏典を原典にした抄物は存在するものの、大部分は外典の漢籍についてであることが著しく目立つ。

また、五山派抄物のもう一つの特徴は注釈の性質にある。というよりも、むしろ特徴が見えないのが最大の特徴であると言った方がいいかもしれない。というのは、書き手は禅僧でありながら、禅僧が書いたと思わせる注ではなく、語義、歴史的な文脈、人物の伝記的な注などしかないのである。また、堀川貴司氏が指摘するように、内容についての解釈の記述を除けば中世の注釈はほとんど中国の参考書に従って施されていて、抄物を見て新しい知識を得ることはまずない。禅僧たちの間に流通していた知識を知ることはできるから、研究者に貴重ではあるが、その一方で、悪く言えば既成の注釈を写し集めただけなのである。そして、中国の文人によって作成された注釈や類書・史書などを基にした抄物には、当然ながら、禅の要素はほとんど入っていないと言える。

日本禅を扱う歴史書には、五山僧たちが修行を怠って、専ら文人に化けたとい

堀川貴司氏の指摘　『五山文学研究』（笠間書院、二〇一一年）、一六五頁。

禅の要素　近世には漢詩の抄物に禅的な解釈が見られるが、中世の五山派には管見のかぎりない。

うような記述▲をよく見かける。抄物の対象や注釈の性質を見れば、確かにその印象は否めない。五山が繁栄していた時代――概《おおむ》ね南北朝と室町時代――には、臨済宗が世俗界とさまざまな繋がりを持ち、漢学を武器に禅僧たちが今日で言う高級官僚に近いキャリアを積むことが可能であった。難度の高い修行を経て、保証されない悟りを目指すよりも、漢詩をはじめとする中国文化の勉強に励んで、そのような出世コースを歩んだ方がいいと思っている禅僧が少なくなかったのは容易に想像できる。それは五山禅僧を語る時の重大な面であって、歴史書がそれを前に出すのは納得できるのだが、一方その説明が大きな死角を作ってしまう恐れもある。五山僧のなかで悟りの追求に何の関心も持たない僧がいたことと、禅と遠く離れた学問が盛んに行われていたのは確かであるが、だからといって五山禅僧の全員が修行を完全に捨てていたと結論づけられるわけではない。五山派にはもちろん、禅の教えが大事にされていた。虎関師錬《こかんしれん》（一二七八―一三四六）や夢窓疎石（一二七五―一三五一）などのような高僧の文を読めば、漢詩ばかりに耽《ふけ》って禅を怠ったとは決して言えないことがわかる。

五山僧の禅をよく象徴するのは有名な「瓢鮎図《ひょうねんず》」である。将軍足利義持の命によって描かれているのは、男が瓢箪でナマズを押さえようとする奇妙な場面である。その上部には、三十一人の五山僧の賛（漢詩）が載っている。それは、芳澤

文人に化けた禅僧　近年の例で言うと、原田正俊「室町文化と仏教」（『躍動する日本仏教』、新アジア仏教史12　日本Ⅱ、佼成出版社、二〇一〇年）、二五五頁に「禅僧としての悟りの追求よりも詩文の才を磨くことが重要視されていく傾向にあった」とある。

芳澤勝弘氏の分析　同『「瓢鮎図」の謎——国宝再読ひょうたんなまずをめぐって』（ウェッジ、二〇一二年）。

勝弘氏の分析▲が明らかにしたように、当時の高僧たちが禅思想の高度な理解を韻文で表しているものである。五山僧が禅を諦めて、文人や官僚になったという見方は、部分的には史実に基づいているが、やはりいささか単純すぎると言わざるを得ない。実際には、五山派の禅僧が修行に背を向けていたというよりも、そういう人たちも大勢いれば、真の求道心を持つ人もいたということである。

　では、五山派では作詩などの文人活動のほかに、どのように禅の修行をしていたのであろうか。率直に言って、よくわからないと言わざるを得ない。看話禅を中心にしていたと思われるが、その具体的なやり方は資料にあまり現れていない。しかし、我々が今検討している抄物の特質からは、たいへん重要なことを指摘できる。それは、修行には書籍が使われていなかったということである。禅籍を読んで、注を施していたのだが、それに基づいて悟りへ向けて実践されたという痕跡がないのである。

　たとえあの『碧巌録』であっても、読まれて解釈されたことには間違いないが、実践とは直接関わっていなかったであろう。テキストの注釈はあくまでもテキストの理解を支えるためであって、どんな禅籍でも、五山僧の読み方、注の施し方は基本的に言葉の説明に留まっていた。つまり、抄物に限らず、五山派の大きな特徴として、文学活動と禅の修行を分けていたということがあると考えられる。

それは作成される文学のなかに禅の要素がないという意味ではない。悟りの境地や禅の教えのさまざまな面がテーマになっていることはあるが、悟りを目指す過程には禅籍が手段として登場しないという意味である。

それを念頭に置きながら『無門関』のことを考えれば、中国で無名であったうえに、修行僧向けに作成されたテキストであるのだから、五山派に注目されるはずもなかった。実際、五山派の『無門関抄』は中世に作成されなかった。

テキストを超える林下

五山派の抄物の性質は、安藤嘉則氏の言葉▲を借りれば「注釈書的」であり、書籍に注釈することと修行が分離されていたことにある。それはもちろん、抄物だけの特徴というよりも、五山派全体の体制が反映されている事態である。そして、五山派以外の抄物に目を向ければ、異なった姿勢が見える。そこには中世後半に誕生した禅の新見解が抄物に反映されており、『無門関』の再登場を理解するには、その現象の全体を見るべきなのである。

宋代に生まれた禅では、公案の文面的な意味に留まらず、悟りへ導く「活きた意味」をつかもうとしていた。中国では、この公案を中心に置いた禅に二面があって、それが看話禅と文字禅であった。しかし、中国から世界に広まったのは主

安藤嘉則氏の言葉　同『中世禅宗における公案禅の研究』(国書刊行会、二〇一一年)、三〇六頁。

に看話禅のみであると言える。『碧巌録』やそれに倣って作られた公案集は朝鮮でも日本でも見られない。そして、鎌倉時代には、日本の看話禅の具体的な有り様はわからないが、中国や朝鮮同様、テキストを使用していなかったと推測できる。しかし、室町時代になると、修行とテキストを結びつける新しいアプローチが現れる。それは、禅籍を読む時に、単に文章を正しく理解するだけではなく、テキストに対して修行者が自分の領解を表すコメントを付けるというやり方である。そのコメントは『碧巌録』などに見える「著語」と同質であり、つまり、文面の意味に対してではなく、そこにある場面に対しての禅者としての見解を表現するのである。そのコメントを一般的に「下語《あぎょ》」と呼ぶ。

こういった新しいやり方がいつ誕生したのかはハッキリとわかっていないが、その根源は大燈国師に遡れるのではないかと考えられる。安藤嘉則氏が指摘するように、使用の早い例としては大燈国師が『碧巌録』に対して付した下語を集めた『碧巌百則大燈国師下語』がある。そのテキストを紹介した中世臨済宗の大研究者であった平野宗浄（一九二八―二〇〇二）によると、そのテキストは長年秘伝であったそうだが、駒澤大学図書館蔵の本に「応永廿一年［一四一四］正月十八日　華叟老拙　在判」と記されていることから、遅くとも室町時代前半にテキストとして存在していたことが確認できる。ここにある「華叟老拙」は華叟宗曇《かそうそうどん》

大燈国師の秘伝テキスト　平野宗浄『大燈』（日本の禅語録6、講談社、一九七八年）、四七一頁。

（一三五二―一四二八）のことである。彼は有名な一休宗純（一三九四―一四八一）の師で、二人とも大応派に属している。まだ確認すべき点が残るが、大燈国師から始まったと思われる『碧巌録』に「下語」を付ける禅のアプローチが大応派に伝わっていて、思想的な基盤になったようである。

注目すべきなのは、『碧巌百則大燈国師下語』は『碧巌録』の本則だけに下語を付けていることである。前に述べたように、『碧巌録』には三層がある。禅籍から選抜された既存の公案、それに対して読まれた雪竇《せっちょう》の頌古（漢詩）、そしてこうやって出来上がった『雪竇頌古』に対しての圜悟《えんご》克勤《こくごん》の提唱を記録した「垂《すい》示《じ》」、「評唱」と「著語」である。その構成こそが『碧巌録』の価値であるが、大燈国師の『碧巌百則大燈国師下語』は本則――つまり既成の公案――に対してのみである。そのようなやり方が誕生した経緯の解明はさらなる研究を要するが、大燈国師が『碧巌録』のテキスト（評唱、著語などを含めた全文）を忠実に読むよりも、自分が考え出した下語（＝著語）を付けることによって本来の趣旨にいっそう近づこうとしたと言えるのかもしれない。

その下語を付ける方法は、別のテキストである『大燈百二十則』にも見られる。これは大燈自身が集めた百二十則の公案に下語を付したものである。『碧巌百則大燈国師下語』と『大燈百二十則』の前後関係は不明であるが、推測してみると、

『碧巌録』の公案に圜悟のように下語を付けた後に、次のステップで自分が選んだ公案で同じことをしたのではないかと考えられる。ともかくこれも、自分が編纂したテキストを文献として注釈するのではなく、禅の指導者として悟りを目指す修行者に向けて下語を付けているのである。例えば、『無門関』の代表的な公案でもある「無字」の公案は『大燈百二十則』で次のように扱われている。▲

　趙州、因みに僧問う、「狗子《くし》に還《かえ》って仏性有り也た無きや」。〈舌頭《した》は已に長し。〉云わく、「無」。〈鉄を買い、金を得《う》。又云わく、虚空《こくう》を逼塞《ひっそく》す、又云わく、無孔《むく》の鉄槌《てっつい》を当面に擲《なげう》つ。〉

ここだけを見れば比較的にわかりやすくなっているので（いつもそうであるわけでは決してないが）、内容を少し見てみよう。公案では、ある僧が趙州に「犬に仏性があるのか、ないのか」と聞く。そこで、大燈がその質問自体を否定する――「もうしゃべりすぎだ！」（舌頭《した》は已に長し）と批判する。また、趙州の答えた「無」を逆に高く評価する。それほど面白くない質問であったのに、素晴らしい返事ができたというのが、おそらく「鉄を買って、金を得る」の意味であろう。また、その答えで大空を完全に防いでいたかのように問答を制した。最後に、

『大燈百二十則』の「無字」の公案
『鈴木大拙全集』四巻、三七九頁。
「趙州因僧問、狗子還有仏性也無。舌頭已長。州云、無。買鉄得金。又云、逼塞虚空、又云、無孔鉄槌当面擲」。

「つかむための穴が全くない（柄がないのと同じ状況）鎚を僧に擲ったぞ」、という評価であろう。大燈国師の下語は、『碧巌録』に見える圜悟の著語と全く同質であると言える。各々の下語の意味を把握できなくても、『碧巌百則大燈国師下語』や『大燈百二十則』が示しているのは、テキストに対しての新しい姿勢である。著語を付ける行為自体は中国に始まったのだが、その著語（または下語）が修行指導の中心になったのは日本特有の方法である。

その方法を使用していたのは五山派に属しないいわゆる「林下《りんか》」であった。このように、中世中期以降では、臨済宗と曹洞宗というよりも、叢林（五山）と林下の区別を考えた方が思想的な配分が見えてくる。実際、大燈国師あたりに始まったと考えられる下語を使った新アプローチは曹洞宗にも見られる。そして、林下に行われていた禅籍を対象にした講義では、講者が言葉の意味などの説明のほかに聴衆に下語を求めたり（それを「拶語」という）、あるいは代わりに自分が付けたり（「代語」）していた。講義録である抄物にそれが記されたのは当然のことである。その下語の有無が林下と五山派の抄物の根本的な違いである。一方は注釈書であって、もう一方は修行の一部を記したものでもある。当然なことに、選ばれる原典も違ってくる。五山派では外典が多かったのに対して、林下では修行に活用できる公案集▲を中心にして、禅籍が多い。そのなかに『無門関』があると

修行に活用できる公案集　日本では、公案が中国禅に登場する前に作成された唐代の『臨済録』がほぼ公案集として扱われるようになっており、それが中世の日本禅のたいへん面白い、そして重大な特徴である。

いうことはさほど驚くことではない。基準はテキストの中国での知名度よりも、その実用性になる。そうなると、まさに修行者たちの指導のために、当時の基本的な見解を集めて作られた『無門関』が自ずと選択されることになるのであろう。そして、なぜ五山派の抄物になくて林下にあるのかも、自ずと理解できる。では、『無門関』がどこから浮上したのかを探ってみよう。

『無門関』が立ち上がる

無本覚心が建長六年（一二五四）に帰国した際に日本に入った『無門関』は、すぐ人気を得るどころか、全く相手にされない状態だった。刊行されたものの、ほとんど目立つこともなく、禅僧たちに将来された無数の書籍のうちの知られざる一点にすぎなかった。刊行の回数や語録などの記述を基準にしたら、その地味な状況が近世まで続いたと思われがちだが、下語を中心にした新流の禅に目を向ければ、『無門関』が静かにしていた時期は二百年弱であったと言える。その史実を明かすために、少し長めの遠回りをして、抄物とその特徴の簡単な説明を述べたわけである。抄物は、『無門関』の知名度向上をいちばん著しく表している。とは言っても、その兆《きざ》しはもっと早い時期に見える。いつから『無門関』の講義が始まったのかを正確に突き止めるのは難しいが、十四世紀末、十五世紀初めになるとそれを示す手がかりが幾つかある。それはやはり、禅に変化が起こっていたことと深く関わってくる。

下語を付ける禅の新しいアプローチは、筆者の現段階の理解でいうと大燈国師あたりからと推定できる。ただ、それはともかく、ここで大事なのはその動きのなかに『無門関』が現れ出てきたことである。日本における『無門関』の物語は確かに無本覚心から始まるが、本ブックレットではここまで専ら背景を描いてきて、正直にいって『無門関』の物語としては少し面白みが欠けていた。しかし、林下に起こった禅の革新とともに『無門関』が再登場する時こそ、物語が本番を迎えることとなるのである。

3 『無門関』の再登場、下語集、そして抄物

『無門関』が日本の重要な禅籍という土俵に初めて立ったのは、新しい禅が現れた時期であると言える。そのため、二度目の登場——というよりも禅籍の表舞台への初登場——は、その下語中心の禅風と関係していると考えるのは自然である。『無門関』に下語が付された痕跡は、抄物だけではなく、下語集にも確認できる。その時期の状況を窺わせる資料は主に飯塚大展氏と安藤嘉則氏によって研

究されており、その成果に依拠しながら『無門関』の日本デビューを見てみよう。もちろん、それには大きな限界がある。資料の存在状況である。これから見るように、『無門関』の下語を使った講義、したがってその講義録である抄物は、曹洞宗と幻住派によって作成されていたと考えられる。

ただ驚くことに、『無門関』を伝来した無本覚心を開祖とする法燈派には、抄物が（筆者の管見のかぎり）なかった。法燈派は林下に属さないから、新しく浮上してきた禅と無縁だったと考えられる。だが、もう一つの可能性として充分あり得るのは、本寺の興国寺が焼かれた時にその資料が失われたということである。法燈派は『無門関』を、開祖が持って帰ったテキストとして敬意を払いながらも実際使わなかったのか、それとも時代の風に乗ってそれに下語を付す修行法を取り入れていたもののその資料が失われてしまったのかは、今になってはわからない。『無門関』が世間に出はじめた頃に「日本での実家」と言える法燈派でどう扱われていたかは、永遠に歴史の闇に留まるであろう。

現存資料で見るかぎり、十四世紀末には既に『無門関』に下語が付けられていたことがわかる。早い例としては『梅山《ばいさん》和尚四十八則代』▲というテキストがある。いつ、どのように作成された下語であるのかは不明であるが、ここに言う「梅山和尚」つまり梅山聞本《ばいさんもんぽん》は応永二十四年（一四一七）に遷化したので、十五世紀初

『梅山和尚四十八則代』　群馬県伊勢崎市にある泉龍寺が所蔵する川僧慧済（?―一四七五）の『無門関』の抄物である『川僧和尚無門閑再評』に付随している。安藤嘉則前掲『中世禅宗における公案禅の研究』、一六九頁。

めであったと推察できる。また、安藤氏が明らかにしたように、幻住派の白崖宝《はくがいほう》生《しょう》（一三四三—一四一四）の『無門関四十八則円光禅師下語』も現存するが、多少の違いを除けば梅山聞本のテキストとほぼ同じである（安藤書前掲）。安藤氏が想定するように、まず幻住派の『無門関四十八則円光禅師下語』が出来て、それが曹洞宗に伝わって、曹洞宗の梅山に仮託されたと充分考えられる。つまり、十四世紀末から十五世紀初めに、白崖宝生によって『無門関』に下語が付され、曹洞宗に伝えられた時に梅山のものとされたという仮説である。しかし、とにかく曹洞宗では『無門関』の下語の伝統があったということには変わりはない。それは、幾つかの文献で確認できる。例えば、残っている資料は近世のものであるが、石屋真梁（一三四五—一四二三）、または月江正文（?—一四六二）の下語も伝わっている。このように、現存の資料だけでも、幻住派と曹洞宗で『無門関』が禅僧たちの修行にしばしば使用されていたことがわかる。

その運動と直接つながっているのが、抄物の作成である。知られている最古の『無門関』の講義は川僧慧済（?—一四七五）の『無門関抄』である。安藤嘉則氏が示したように、川僧を指導した如仲天誾（一三六五—一四四〇）が既に『無門関』に触れていたことがテキストに見える引用からわかる。ただ、知られている最古の講義録ではあるが、この抄物の二つの写本は、片方は江戸時代のもの、も

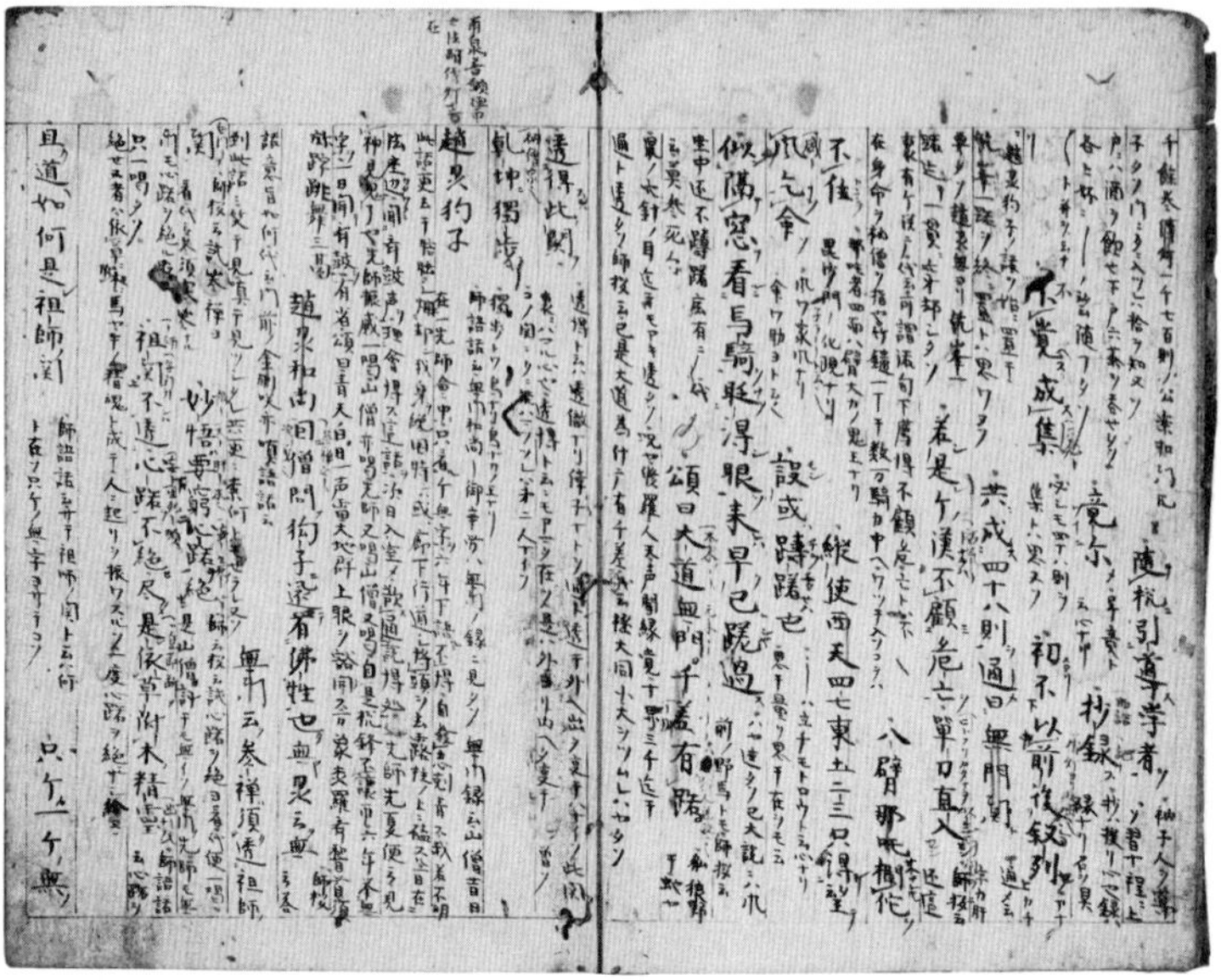

図6　『無門関抄』（京都大学附属図書館蔵）

う一方は大正十五年（一九二六）に書写されていて、書物としてはそれほど古くない。

　龍谷孝道氏によれば、確認できるかぎりで最古の『無門関』の▲抄物は天英祥貞《てんえいしょうてい》（?—一五一一）の講義を記録している京都大学谷村文庫所蔵の『無門関抄』である（図6）。識語に永正四年（一五〇七）と記されていて、講義自体はその少し前、もしくはその年に行われたと推測できる。龍谷氏の指摘のとおり、講者の生前に作成された抄物は珍しいパターンであり、また内容や年代の面でもたいへん貴重な資料である。中身を見ると、重要なのは下語が使用されているのが確認できる点と、もう一つは臨済宗との密接な交流である。臨済宗の幻住派に『無門関』が扱われていたことは既に見たとおりであるが、祥貞の『無門関抄』にはそれよりもっと深い関係が見える。

　およそ二世紀の間、ほぼ姿を見せなかった『無門関』が本格的に日本禅の舞台に上がったのは十四世紀末であ

『無門関』の最古の抄物　龍谷孝道「中世曹洞宗と『無門関』――京都大学谷村文庫所蔵『無門関抄』を中心として」（『印度学仏教学研究』六五巻二号、二〇一七年）、一七三―一七八頁。

るが、登場した「場所」は流派で言うと幻住派と曹洞宗であったと述べた。もっと詳しく言うには、曹洞宗のどの流派であるかを言うべきであるが、安藤氏や龍谷氏などが示したように、引用されている禅僧の法系を見れば、曹洞宗全体で『無門関』の講義が行われて、諸流派がお互い参考にしていたと考えられる。しかし、臨済宗の場合は状況が違う。まず、中世では臨済宗の大部分は五山派であって、下語の使用を中心にした新しいアプローチを取り入れていた痕跡は中世にない。また、それ以外の流派はつまり幻住派と大応派である。幻住派では『無門関』が扱われていたことは既に見たとおりであるが、中世には大応派による『無門関』の抄物は管見のかぎり存在しない。しかし、後に臨済宗の主流になったのはまさにその大応派であり、また林下に誕生した禅の新流の源にあると思われる大燈国師は大応派に属している。つまり、林下のなかで、『無門関』を使わない大応派と、使う幻住派と曹洞宗とが二つに分かれている。しかし、祥貞の『無門関抄』をはじめとするいろいろな資料に見えるように、大応派と他の林下の宗派の間には密接な交流があった。それを示すものとして、龍谷氏は「臨済八種面目」の使用を指摘する。「八種面目」（資料によって呼称が異なる場合がある）は公案とその扱い方を分類したものである。詳細は省略するが、注意すべきなのはその分類が大応派に由来すると思われることである。少なくとも、大応派、幻住派、そして曹洞宗にも使用されていたことは確かである。とすると、林下では、公案に下語を付けさせることを基盤にした方法が共有されていて、公案集として使用されていたテキストに『無門関』を使うか使わないかは、宗派によって違っていた、とまとめられる。具体的には、そのアプローチは講義、そして講義録である抄物に反映されていて、その資料のおかげで『無門関』の日本でのデビューを窺い知ることができるわけである。

　時代でいうと、禅の新しい姿勢の発端は南北朝時代の大燈国師にあるとしても、文献で本格的に確認できるのは室町末期になってからである。そして、中世後期以降、『無門関』の抄物が作成されて、近世には大量に出回るようになった。柳田征司氏が現存する『無門関』の抄物のリストを作ったところ、百二十一点▲あったそうである。この数字だけでわかるように、近世になると、『無門関』の知名度は高くなっていた。ただ、その光を浴びる『無門関』に移る前に、もう少しだけ陰の文献を見よう。

　抄物はテキストの講義録であって、五山派の注釈系と林下の下語系とに大きく分けることができると繰り返し述べてきた。林下の抄物には注釈的な面ももちろん存在するが、やはり最大の特徴は下語の使用である。つまり、テキストをテキストとして読むだけではなく、修行の手段として扱うのである。抄物が記録して

百二十一点　柳幹康氏の計算による。『無門関』解題」（『新国訳大蔵経　中国撰述部①―6　法眼録・無門関』、大蔵出版、二〇一九年）、二七七頁。柳田征司「高山寺蔵『無門関抄』について――『無門関』の抄物の中での位置を明らかにするための一作業として」（『昭和五十七年度文部省科学研究費（総合研究A）「高山寺所蔵の典籍文書の研究並に『高山寺資料叢書』の編集」研究報告論集』）。

いる講義は、大勢の禅僧の前で行われていて、例えるなら講演会のようなものであった。時には聴衆の下語が記されることがあるのだが、やはりほとんどは講者が一方的に話した内容が記されている。ところが、看話禅の基本的なやり方は師と弟子の一対一の対話（「室内」で）である。その密談を記録したものは臨済宗では「密参録」、曹洞宗では「門参」と呼ばれている文献である（便宜上、以下はまとめて「密参録」とする）。抄物の対象はさまざまであって、五山派では外典にまで及ぶのに対して、林下では主には禅籍であった。密参録は師と弟子二人きりの参禅を記録する文献であるから、本来テキストを基にしているわけではないが、『臨済録』、『碧巌録』と『無門関』だけは対象になっていた。『碧巌録』が対象になっていたのはごく当然なことであり、『臨済録』が公案集に近い扱いをされていたのが日本の特徴であったことを、ここにも確認できる。そして、下語集と抄物で見えた『無門関』が実践の中心的な高い地位にまで上昇していたことは、密参録で改めて証明されている。

ただし、『無門関』の密参録と抄物を同等に見ることはできない。密参録は本来秘伝であったため、残っている数は当然抄物より少ないということもあるが、さらに『無門関』の密参録に絞るなら、現存するものは数点だけとなる。管見のかぎりでは、『無門関』密参録は主に幻住派に見られるが、禅籍の密参録そのも

『無門関密参録』の一部の翻刻　安藤嘉則前掲『中世禅宗における公案禅の研究』、二〇九頁。

のは少ないのでそこから何か推論することは難しい。その『無門関密参録』の一部が安藤氏によって翻刻されている。中身を少し見てみよう。

趙州和尚因ニ僧問フ。如何是レ祖師西来意。州ノ云ク、庭前ノ栢樹子。

△師拶云、祖師ヲ云ヘ。学云、達磨テ候。

△師拶云、意ヲ云ヘ。学云、意ハナイモノニテ候。

△師拶云、ナセニナイモノトハ云ソ。学云、皮肉骨髄ノウリワツテ見テモ無イモノニテ候

やりとりはまだ続いていて、時に「師云、下語如何」という形で、弟子に下語を求めることは注意に値する。上に引用したのは安藤氏が翻刻した『無門関』の「庭前栢樹子」に関する箇所のほんの一部だけである。それだけを見ても、密参録と抄物の違いがわかるであろう。テキストに注釈を付けたり、下語という一種のコメントを付したりするよりも、師が弟子の見解を徹底的に掘りさげていて、『無門関』はその検討ができるきっかけを提供する教材のようなものとでも言えよう。その裏にも新しい看話禅のやり方が見えるとともに、そこに『無門関』が得た地位が見出せるのである。その二つが、中世後半以降の禅を象徴するような

現象であると考えられる。そして、近世に入ると、日本社会も禅の両宗派もさまざまな変更を経て、『無門関』の物語の新しい一章を描いていくのである。

四 近世の『無門関』、日本社会への普及

鎌倉時代にほぼ無名だった『無門関』が、室町末期以降に林下の一部である幻住派と曹洞宗に重視され、実践の中心的な禅籍の座にまで登った。以後その人気が衰えることはなかったが、時代とともに臨済宗にも曹洞宗にもさまざまな変動があり、また文化的な環境の激変も、日本社会における『無門関』の普及に大きく影響した。中世に、五山版として二度刊行されたことが必ずしも広く読まれていたことを意味しないとは既に述べたとおりだが、近世の出版状況、そしてテキストが刊行される意味は中世とは随分異なる。そのため、単に、近世の『無門関』の刊行回数を強調するだけでは、その社会的・宗教的・文化的意味を見落とすことになってしまう。また、近世では臨済宗と曹洞宗の歴史において『無門関』の地位が大きく変わる時代でもあるので、もう一度日本禅の歴史に目を向けなければならない。しかし、出版史の観点でも、禅の宗派の観点からでも、資料の量は中世と比較にならないほど多くあり、近世の『無門関』の詳細を描くのはこのブックレットの規模を遥かに超える。ここでは、全体図を窺うための数点に

内藤湖南の大正十年の講演　「応仁の乱に就いて」（『内藤湖南全集』九巻、一三〇—一四八頁、一九六九年）。

絞って、『無門関』の物語の筋道を紹介することに留めざるを得ない。

刊行ブームと仏教の社会普及

中世と江戸時代がさまざまな面で違ってくるのは、言うまでもない。歴史学者の内藤湖南（一八六六—一九三四）が大正十年（一九二一）の講演で、「大体今日の日本を知る為に日本の歴史を研究するには、古代の歴史を研究する必要は殆どありませぬ、応仁の乱以後の歴史を知って居ったらそれで沢山です」と言ったのは有名である。もちろん、中世と近世を完全に切り離して考えることはできないが、文化・社会・政治等々を見ると、根本的な違いが数多くある。『無門関』の運命を追っていく我々にとっては、そのさまざまな変化のなかでも特に大事なのは、出版の発展である。中世では五山版に代表される寺院の出版を中心に、格の高いテキストであった仏典と漢籍とが刊行の主な対象であった。それ以外の文献は——つまり中世に出回っていた本の大多数は、写本という形態であった。刊本も写本も高級品であって、寺院や上流社会の外に広汎に普及することは稀であった。しかし、近世になると、漸次的にではあるが、さまざまなジャンルの本が刊行されるようになり、技術の発展とともに値段が下がって、また貸し本屋などの存在もあり、本が多くの日本人に届くようになるのである。

田尻祐一郎氏の指摘　同『江戸の思想史』(中公新書、二〇一一年)、一三—一四頁。

田尻祐一郎氏が指摘するように、科挙が行われていた中国や朝鮮では、出版される本の多くはその科挙と関連するテキスト、または儒教的な傾向を強く感じさせる書物であった。それもそのはず、科挙に合格すれば一気に出世コースを歩むことができて、安定した収入のほかに高い社会的地位が得られるからであった。しかし、日本では社会階層が固く定められていて、人生の運不運により経済力や地位が変わることがあったにしても、本を読んで勉強したからといって官僚になる道はない。では、その状況で本への関心が低かったかというと、全くその逆である。しかも、本を読むのに科挙のような定められた目的がなかったために、中国や朝鮮にないバラエティー豊かなテーマが誕生した。多くの人が読みたい本を読めるようになって、そのニーズに合わせて本を作る商売がだんだん盛んになったのは江戸時代の大きな特徴である。

では、何が読まれていたのであろうか。まず、当然ながら文学作品が多く刊行されていたが、江戸時代の日本人の好奇心はいろいろな方向に向けられていた。特に、世間に普及した本のうちには仏教を紹介するものが目立つ。日本仏教と庶民の関係は複雑であるが、禅の宗派、特に臨済宗を見ると、概して中世では社会の下層とあまり関われていないと言えよう。五山僧たちも、林下の禅僧たちも、ほとんど公家や武士としか交流しなかった。しかし、応仁の乱以降、経済力とそれに伴う影響力を手にした商人をはじめとして、禅僧たちは徐々に交流する在家の社会層を広げるようになった。そして、大きな動きであったのは、本で自分の教えを発信することである。そのいちばんわかりやすい現象は仮名法語の出版であろう。仮名法語は、禅の基本が仮名——つまり日本語——でわかりやすく説かれているテキストだが、江戸時代初期から多く刊行された。そして、禅籍そのものも頻繁に出版された。『臨済録』、『碧巌録』のほかに、さまざまな禅籍が繰り返し出版されて、そのなかに、中世に名を上げた『無門関』が含まれるのはもちろんである。

禅籍の出版　ダヴァン・ディディエ「近世初期の禅籍を散策する」(『書物学』一三号、勉誠出版、二〇一八年)、三二―四二頁を参照。

1　読まれる『無門関』

中世では『無門関』が二回刊行されたが、室町時代末までに読まれた痕跡はほとんどなかった。そして、下語集、抄物、密参録といった資料は、新しい禅の波に乗って著名な禅籍になった。その過程では新しく刊行されたわけではないが、写本が作られた。駒澤大学図書館が作成した日本に現存する禅籍をまとめた『禅籍目録』を見ると、『無門関』は大永五年(一五二五)、天文五年(一五三六)、天文二十三年(一五五四)、弘治三年(一五五七)と「室町末期」の五本が載せられ

『無門関』の慶長七年の刊行　平田高士、『無門関』（禅の語録18、筑摩書房、一九六九年）、二〇六頁。

ている。もちろん、それに載っていないものが存在する可能性も高いし、室町末期以前に写本が作られていないとは決して断言できないが、やはり大きな傾向としては『無門関』がテキストとして扱われていたのは室町末期からであったことが窺える。それをいちばん表しているのはその刊行史である。

平田高士氏によると、慶長七年（一六〇二）、つまり徳川家康が征夷大将軍に任命される一年前に、中世以後初めて『無門関』が刊行された。▲その本の詳細は筆者には不明であるが、少なくとも『禅籍目録』や『新日本古典籍総合データベース』などのような目録に載っていないということは、あまり流布しなかったと解釈できよう。『無門関』の刊行が本格的になり、日本社会に出はじめたのは江戸時代に入ってからであった。『禅籍目録』を見ると、次の年に刊行されたことが確認できる。寛永元年（一六二四）、寛永二年、寛永八年、寛永九年、寛文六年（一六六六）、延宝八年（一六八〇）、そして宝暦二年（一七五二）である。要するに、『禅籍目録』に載っている（つまり日本の大学図書館や文庫などに所蔵される禅籍のなかに存在する）のはこの刊年がわかる七本であり、さらに刊行年不明の二本を足せば、江戸時代に『無門関』が十回近くも出版されたことになる。中世のたった二回と比べれば、確かに大きな成長であると言える。因みに、同じ『禅籍目録』でざっと数えると、近世でも禅のベストセラーである『臨済録』と『碧巌録』はそれぞれ二十八回と二十二回刊行されたことがわかる。また、近世に人気が高かった『大慧書《だいえしょ》』(看話禅の完成者の大慧宗杲が在家の弟子に与えた書簡集)は『無門関』とほぼ同じ九回の刊行が見られる。また、夢窓疎石の有名な『夢中問答集』も、大応派の開祖大応国師の師であった虚堂智愚《きどうちぐ》の語録『虚堂録』も近世に七回刊行された。このように、『目録』を眺めるだけで、『無門関』が『碧巌録』と『臨済録』には及ばないものの、やはり禅籍の大物の一つであったことが窺える。もちろん、『禅籍目録』に載っていない本がある可能性があり、また一回の刊行でも、刷られた部数や流布状況によって事情が大きく変わるから、実際どれほど読まれていたのかを突き止めるのは困難である。それでも、ちょっと考えるだけで、近世の『無門関』について言えることはいろいろあり、そのなかでも特に二点が重要である。それは誰が出版したか、どういう形態で出版されたかである。

中世と近世の出版の最大の違いというと、前者は寺院や権力者によるものだったのに対して、後者は民間の商業出版だったということであろう。それにはさまざまな理由と帰結があるが、その一つは近世に出版されるのはただ敬愛されているテキストというだけではなく、売れる本だったということである。その時代の特徴は『無門関』の刊行にも確認できる。寛永八年本は上島左兵衛《さひょうえ》、寛文六年本は中野市右衛門《いちえもん》によって開板されたことが刊記でわかるが、それは民間による商業出版であったということを意味する。後者の中野市右衛門は中野道伴（?―一六三九）という版元（現在で言う出版社）の経営者で、禅僧の南浦文之《なんぽぶんし》（一五五五―一六二〇）の弟子であり、仏書を多く刊行した人である。また、刊行年不明のものを見れば、江戸の鈴木太兵衛《たへえ》、同じく江戸の小川多左衛門と京都の小川源兵衛といったさまざまな本屋で刊行されていたことがわかる。これらの例がハッキリと示していることは、近世の『無門関』は禅寺から出て、日本社会に普及しはじめたということである。修行者に下語を求めながら指導するためのテキストから、一般の読者も読める書物になっていた。それを裏付けるのは、出版された形態である。

大きな傾向で言うと、中世に出版された『無門関』はほとんどテキストだけを載せている。それと別に、抄物という形で注釈が施されている書物が作成されていたが、基本的にはテキストの刊行とその注釈は別々に考えられていた。もちろん、注釈書の一種である抄物では原文が載っているものがほとんどであるが、あくまでも抄文が中心であった。しかし、近世の刊行にはその区別が薄くなっている。例えば、寛文六年（一六六六）に刊行された『無門関』は外題（表紙に書かれたタイトル）に「校正評註　鼇頭《ごうとう》無門関」と書かれていて、開いてみると、テキストのほかに上部などの空白にぎっしりと注釈（それを鼇頭《ごうとう》という）が書かれている

『鼇頭無門関』の残存　国文学研究資料館の新日本古典籍総合的データベースを参照。

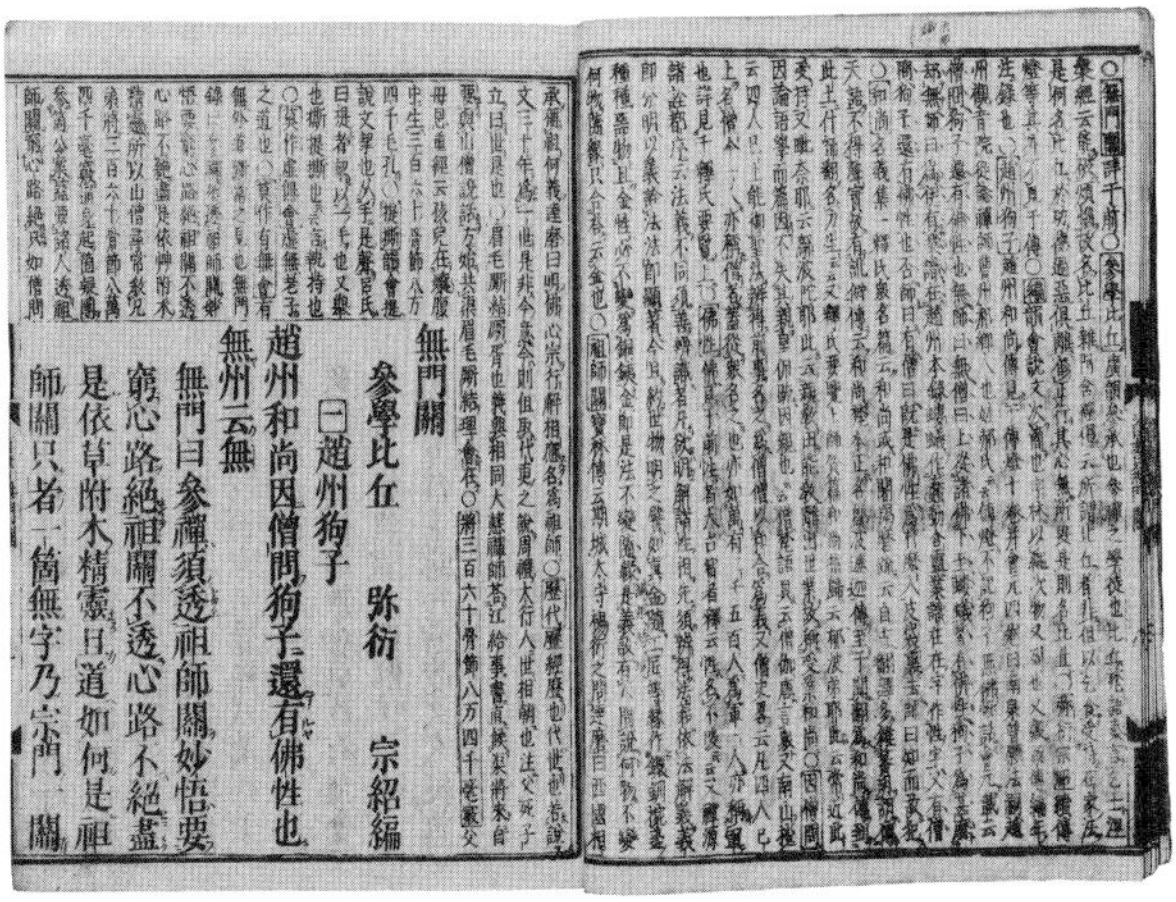
無門關
參學比丘　弥衍　宗紹編
一趙州狗子
趙州和尚因僧問狗子還有佛性也
無州云無
無門曰參禪須透祖師關妙悟要
窮心路絶祖關不透心路不絶盡
是依草附木精靈且道如何是祖
師關只者一箇無字乃宗門一關

図7　『鼇頭評註無門関』（味の素食の文化センター蔵）

（図7）。この『鼇頭無門関』はいちばん流布した本の一つと思われていて、現在でも大学の図書館やいろいろな文庫の目録に近世の『無門関』があれば、かなり高い確率でこの本のことである。▲その注は漢文で書かれていて、禅籍や経典を引用しながら典拠を明かしたり、人名や語彙の説明をしたりするものである。近年に大きく進歩したテキストの理解の水準からは、注の内容をそのまま肯定することは難しいが、大まかに見ると今でも使えるほど親切に作られている。近世の『無門関』は中世前半のように刊行されていなかった状況でも、後半のように修行の素材だけでもなかった。江戸時代の『無門関』ははじめて読む禅籍になっていたと思われる。その変化が、さまざまな注釈書の刊行にも見られる。

2　説明される『無門関』

中世禅の注釈書である抄物には、大きく分けて二種があり、それは注釈系と下語系である。とはいえその区別はあくまでも便宜上のものであって、下語系にも語彙や人名などを明かす注も付してあったことを忘れてはならない。しかし、『無門関』は普通のテキストのように読むのではなく、禅の修行の立場を常に意識しながら扱われていた。近世にもその姿勢は維持されたものの、やはり版元と出版形態が既に示すように、テキストを読むための刊行が目立つようになった。近世に作成された『無門関』の注釈書はとても多いので、そのすべての詳細をここでは検討できないが、代表的な例を見てみよう。

流布された主な注釈書の古い例としては、寛永二年（一六二五）に刊行された『無門関春夕鈔』がある。編者は不明であるが、現存する数から見てよく読まれていたと推察できる。第一則の「趙州狗子」は次のようなものである（図8）。

趙州和尚因ニ僧問フ。狗子還テ有ニャ仏性一也タ無キャ。州云。無

註云。一切衆生悉有仏性ト。ミレバ。有情非情共ニ。此ノ仏性ヲ具足セズト云コト。ナキナリ。此ノ僧モ。如是ク旨ヲ。引受テ。庭前ノ狗子ニ因テ。人々ノ仏性ヲ問ナリ。趙州ハ本分ノ作家ニシテ。胸懐如レ虚谷ナル故ニ。無ト云。語ニ和シテ。不覚無ト。吐出スル也。扨テ仏性露顕デハナイカ。此ノ答処ヲ無仏性ト。ヲセラレタト。聞テハ。散々ナルコト也。有無。無ニアラズ。本無吐出也。

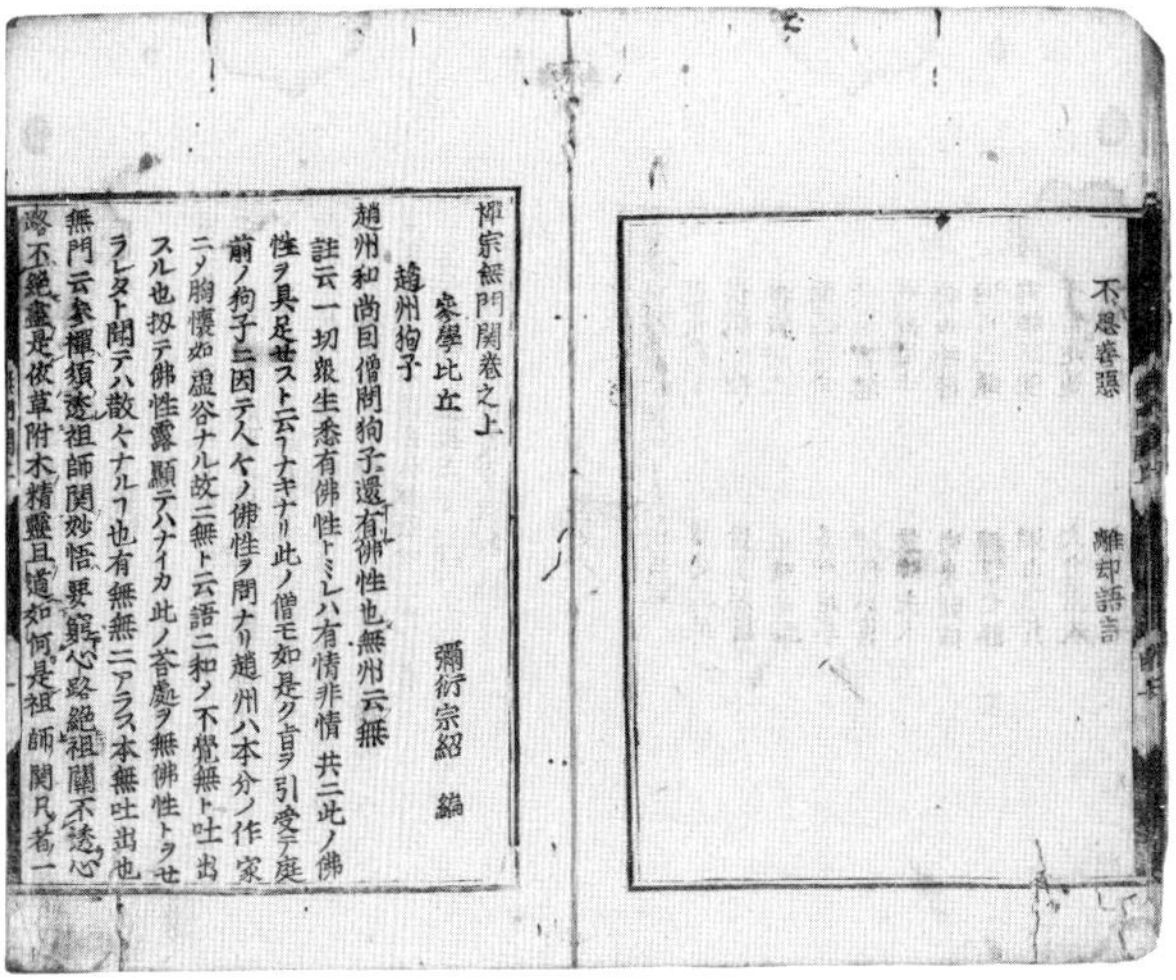
不思善悪　離却語言

禅宗無門関巻之上　　彌衍宗紹　編
參學比丘
趙州狗子
趙州和尚因僧問狗子還有佛性也無州云無
註云一切衆生悉有佛性トミレハ有情非情共ニ此ノ佛
性ヲ具足セスト云ヿナキナリ此ノ僧モ如是ク旨ヲ引受テ庭
前ノ狗子ニ因テ人々ノ佛性ヲ問ナリ趙州ハ本分ノ作家
ニメ胸懐如豁谷ナル故ニ無ト云語ニ和メ不覺無ト吐出
スル也扨テ佛性露顕テハナイカ此ノ答處ヲ無佛性トヲセ
ラレタト聞テハ散々ナルヿ也有無ノ無ニアラス本無ノ吐出也
無門云參禪須透祖師関妙悟要窮心路絶祖関不透心
路不絶盡是依草附木精靈且道如何是祖師関只者一

図８　『無門関春夕鈔』

注の内容は次のようにまとめられる。かの有名な『涅槃経』がいうように、一切衆生に仏性がある。趙州に質問した僧も、もちろんそれを知っていたが、たまたま通りかかった犬を見て、それに因んで訊ねたのは人の仏性についてである。常に心を無にしていた趙州が、「無」の語に応じて、思わず、自然に「無」を口から漏らした。これこそ本当の仏性の現れではないか。これは有無の「無」――つまり非定型の無――ではなく、仏教の教えの根本である「無」だ。

今日の中国禅の専門家たちはその解釈を支持しないと思われるが、ここでこの説明が正しいかどうかは問題ではない。現に載せられているということは存在していた解釈の一つであったことを意味している。しかし、それより大事なのは、その性質である。ここには、典拠や人名の説明がないのと同時に、その是非はともかくとしてテキストの趣旨がわかりやすく説明されている。つまり、修行しなくても、禅の指導を受けなくても、『無門関』の意味がわかるように注釈が施されている。近世の『無門関』注釈書がすべて同じタイプであったとは無論言えないが、広く流布したものの大きな特徴はそこにあると言える。

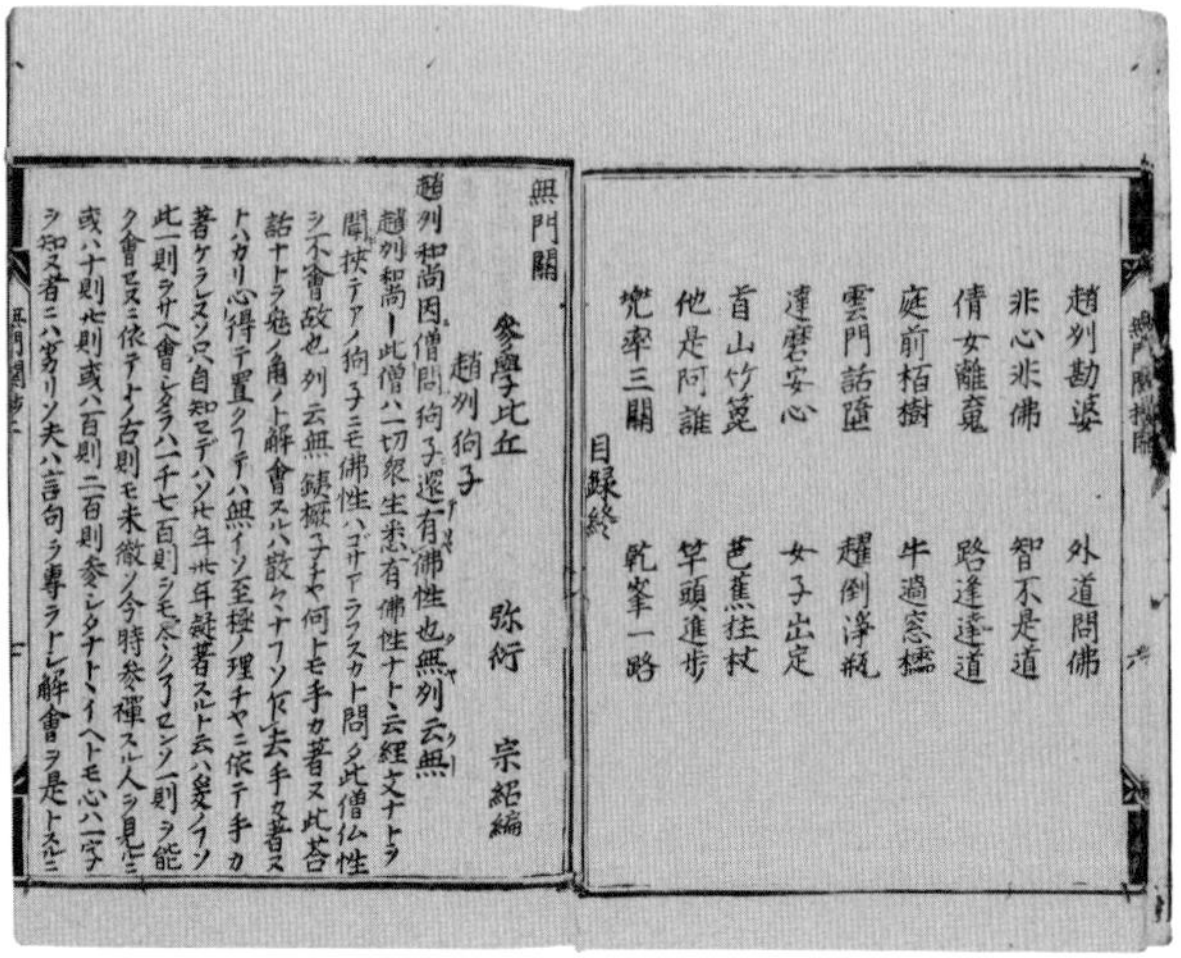
趙州勘婆　外道問佛
非心非佛　智不是道
倩女離魂　路逢達道
庭前柏樹　牛過窓櫺
雲門話墮　趯倒淨瓶
達磨安心　女子出定
首山竹篦　芭蕉拄杖
他是阿誰　竿頭進歩
兜率三關　乾峯一路
目録終

無門關
參學比丘　弥衍　宗紹編
趙州狗子
趙州和尚因僧問狗子還有佛性也無州云無

図9　『無門関万安抄』

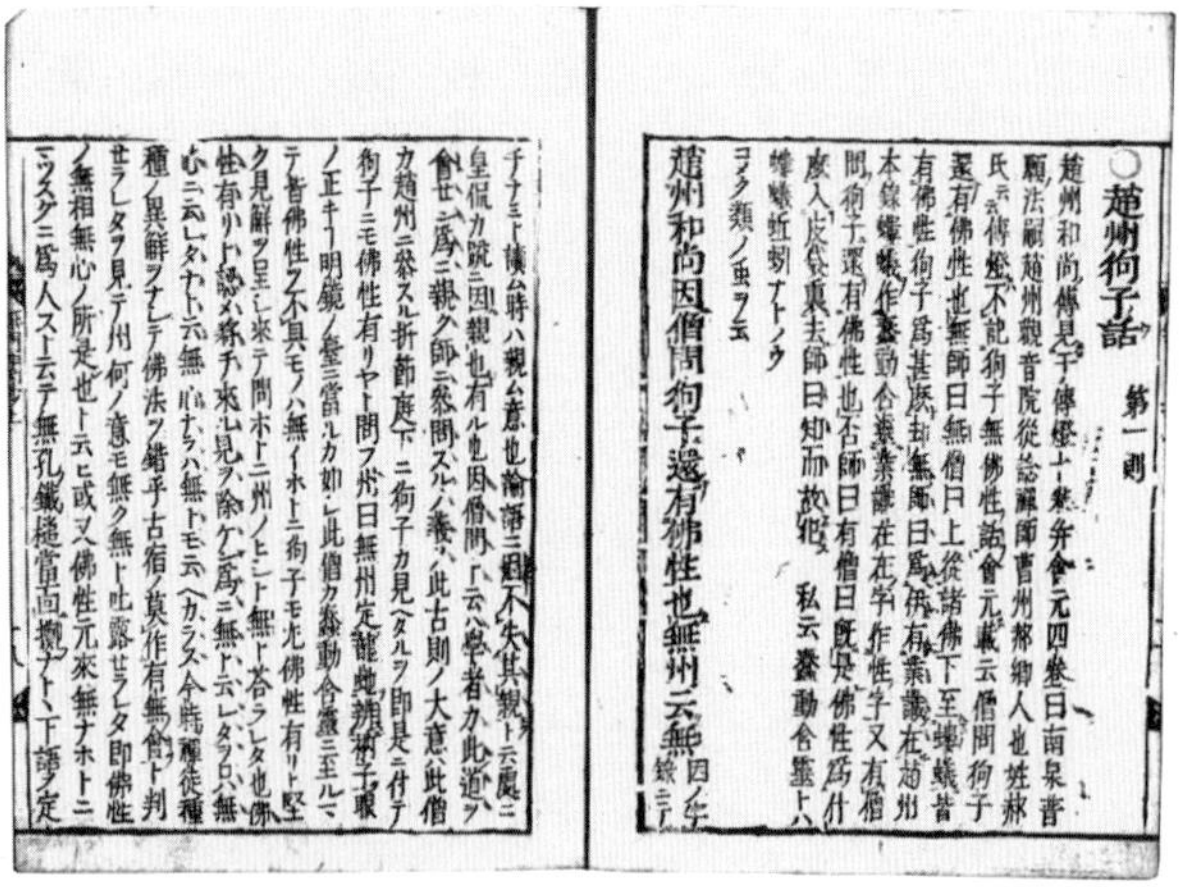
趙州狗子話　第一則
趙州和尚因僧問狗子還有佛性也無州云無

図10　『禅宗無門関私鈔』

例えば、曹洞宗の万安英種（一五九一―一六五四）により寛永十四年（一六三七）に刊行された抄物『無門関万安抄』（図9）は、『春夕鈔』より少し難しいかもしれないが、それでもやはり、公案集の注釈の場合には決して当たり前ではない、「読めばわかる」文章である。

また、臨済宗の規伯玄方《きはくげんぽう》（一五八八―一六六一）による『禅宗無門関私鈔』も広く流布したものの一つである（図10）。その「趙州無字」のところは次のような構造になっている。まず、「趙州狗子ノ話」という見出しの後に趙州の伝記が紹介され、その後本則（公案）の説明がある。そこには現代の語学的規準からは間違っていると言える解釈も見られるが、一方当時のテキストの読み、理解についてこういった誤読をしているという資料となっていて興味深い。そして、公案の本意が説かれている。その説明は引用するには長すぎるが、やはりここも「読めばわかる」文章である。

このように、『無門関』はほぼ無視された時代から、修行の欠かせない素材に、そしてもっと広く読まれるテキストになったわけである。また、近世のもう一つの大きな変化は、中世から『無門関』の居所であった曹洞宗からの離脱である。

3　曹洞宗を離れて、臨済宗へ戻る『無門関』

曹洞宗との別れ

中世での曹洞宗の修行においては、看話禅が中心的であったということは、既に見てきたとおりである。当時の臨済宗と曹洞宗の教えは事実上近かったと考えられるが、同一のものとまでは言えない。曹洞宗の宗旨の変動はやや複雑だが、簡略化して言えば、道元から離れた後に道元に戻るという動きで説明できよう。その詳細には踏み込まないが、近世の曹洞宗と『無門関』を語る時に避けて通れない出来事であったいわゆる「雑学事件」のことは簡単に紹介しなければならない。近世では、禅の宗派と政府の間に起きた大きな「事件」が主に二つあって、臨済宗で寛永四年（一六二七）に起こった「紫衣《しえ》事件」と曹洞宗で慶安二年（一六四九）から始まる「雑学事件」である。「紫衣事件」は近世臨済宗の歴史において重大な出来事であったが、思想的にいうとそれほど強い影響を与えなかった。しかし、「雑学事件」はそれを契機に曹洞宗の教えが一変したと言われているほど重要な出来事であった。

事件の発端は慶安元年に、曹洞宗の有力な六ヶ寺から、「五箇条の壁書」という宗旨を固める掟が発せられた。その内容は、服装を正しくすることや、修行を怠らないようになどの戒めであるが、なかに「雑学」つまり曹洞宗の宗旨でない教えの禁令がある。そして、翌年の慶安二年に、雑学に走った罪で、僧侶十人が擯罰《ひんばつ》された。その後、擯罰された僧侶たちがやっていたのは「雑学」ではなかったと反論して寺社奉行に訴えた。また、慶安三年に今度は有力寺院が擯罰された僧の擁護を訴え、さらに承応二年（一六五三）、曹洞宗を混乱させた罪で三十三ヶ寺の僧が擯罰された。事件の詳細はこれ以上述べないが、ここで大事であるのは「雑学」と指されているものと、『無門関』との関係である。

長年、「雑学」は公案に対して下語を付ける禅のことであると理解されていた。また、承応二年の訴えには書物のリストがあって、そこに『無門関』が記されている。これを踏まえて、「雑学」は下語や代語に代表される臨済宗と同じ禅のこととされて、「雑学事件」は「代語講録事件」とも呼ばれてきた。この見解によると、雑学事件以前には曹洞宗は臨済宗同様の禅法で修行していて、事件後に曹洞宗の本来の教え、つまり道元禅師の教えに戻ったということになる。実際、歴史を見ると結果的にはそれに近い流れになっていて、『無門関』はあの事件まで曹洞宗で重視されていて、その後消えた、と言ってもさほど間違っていない。しかし、安藤嘉則氏が究明したように、「雑学事件」での「雑学」は逆に代語を否定することを指していて、有力寺院は代語の伝統を守ろうとしたようである。ただ、おそらく、この事件よりも、「宗統復古運動」に達した曹洞宗内の変化が最大の要因であろう。とにかく、確実なのは近世中期より、公案の参究をはじめとする臨済宗と共通していた禅が一切廃されて、中世からは温かく受け入れられていた『無門関』が曹洞宗から追い出されたことである。

安藤嘉則氏の究明　同「雑学事件考」（『宗学研究』三四号、一九九二年）、一四五—一五一頁。

俗界の『無門関』

曹洞宗から出た『無門関』は、どこに行ったのか。つまり、近世中期以降に、誰が『無門関』を読んで、重視していたのか。それは、実を言うとまだよくわかっていない。作成された大量の抄物や注釈書の分析をはじめとして、近世の『無門関』の全貌が窺えるような研究はまだなされていないのである。ただ、ここまで描いた物語で、まだまだ見出されていない面白い事実が存在することは容易に想像できる。そして、詳細がまだわからなくても次のことは言える。

近世は日本社会に禅が広まった時代であり、文学をはじめとする日本の文化に禅——特に臨済宗——の影響がしばしば現れる。そして、現存の刊本や注釈書の数が示しているように、『無門関』も日本社会に普及していた。当然ながら、『無門関』は日本の文化に影響を与えたと考えられる。文化的な影響の跡を探すのは非常に難しい作業であって、判断基準がどうしても曖昧であるから、それをどこにでも見つけてしまうという恐れはある。しかし、近世に『無門関』が広く知られたことは間違いないと言える。例えば、松尾芭蕉の紀行である『鹿島詣』▲に次の文が見える。

> 無門の関もさはるものなく、あめつちに独歩していでぬ

『鹿島詣』『松尾芭蕉集』(日本古典文学全集41、小学館、一九七二年)、三〇三頁。

『無門関』に似ているという指摘
黄色瑞華「芭蕉と仏教——その禅的行為」（『解釈と鑑賞』五八巻五号、一九九三年）、八八—九二頁。

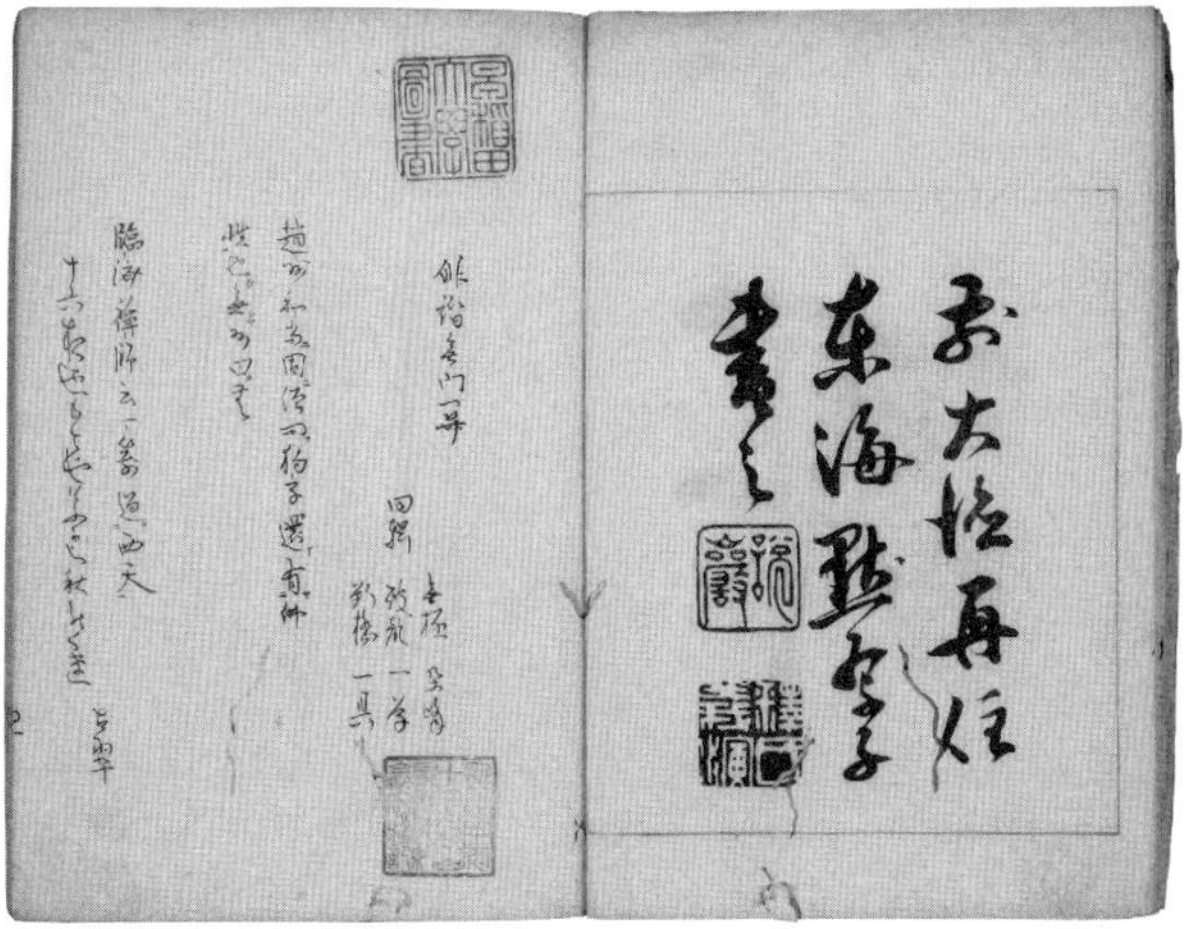
図11　『俳諧無門関』

また、『奥の細道』に芭蕉が、禅の師匠の仏頂河南（一六四二—一七一六）を訪れた時の話がある。庵に着いた時には仏頂は不在で、そこに「竪横の　五尺にたらぬ　草の庵《いお》　むすぶもくやし　雨なかりせば」という一首が書いてあった。それに感動した芭蕉が「啄木鳥《きつつき》も庵《いお》を破らず夏木立」という句を詠むわけである。その構造は『無門関』に似ていると指摘されることがある。▲確かに、仏頂の句は公案、芭蕉の散文が評唱で、芭蕉の句は頌に当たるという見方ができる。しかし、それはあくまでも可能な解釈の一つというだけであって、確実な根拠はない。

ただ、『無門関』が俳句の世界に入っていたことには絶対的な証拠がある。俳人の大島蓼太が『無門関』をモデルにして俳諧とそれに対しての評をまとめた俳論を作成しており、その名はズバリ『俳諧無門関』である（図11）。宝暦十二年（一七六二）に刊行されたが、それ以前に写本として出回っていたようである。

この数例でわかるように、俳人の間で『無門関』は意識されていて、少々ながら日本文学に影響を与えたと言える。江戸時代の書籍は厖大であり、その八割は現代人に読まれていないと言われているので、文学作品や意外な分野から『無門関』との関連が発見される可能性は非常に高い。

臨済宗への帰省

曹洞宗から追い出された『無門関』は、やがて臨済宗に戻ることになったが、その詳細はまたしても不明である。抄物を見れば、確かに近世に臨済宗の禅僧が『無門関』を読んでいたことが確認できる。しかし、平田高士氏が指摘するとおり、▲本当に重視されたとは考えられない。近世の臨済宗は一括りで語れないが、主流（近世後半では唯一の宗派）だったのは妙心寺派である。大燈国師から誕生した禅を受け継ぎながら、さまざまな変動を経て、白隠慧鶴《えかく》（一六八六―一七六九）が築いた思想的な基盤から現在の形になったわけである。中世では、大応派が林下でありながら『無門関』を使用していなかったと述べたが、近世になったからといってその姿勢が一気に変わったとは思われない。白隠自身が『無門関俚諺《りげん》鈔』という注釈書を出したので、臨済宗の禅僧たちに『無門関』が意識されていたことは間違いないのだが、当時の禅僧が書いた書籍にその影響を感じることはできない。白隠から始まる禅法――いわゆる「白隠禅」――に『無門関』の最初にある「趙州無字」の公案が確かに重用されているが、それは宋代から看話禅の

▲**平田高士氏の指摘**　平田高士前掲『無門関』、二〇七頁。

基本的な公案であって、『無門関』からの影響であるとは決して言えないのである。

確かに、近世には『無門関』が刊行されたり、注釈されたりしているのだが、中世において実践の中心に置かれた状況や、後で見る近現代の状況とを比較すれば、宗教的にも思想的にも臨済宗におけるその勢いは見られない。言ってしまえば、曹洞宗に遠ざけられた『無門関』が、臨済宗にも慕われなかったということである。『無門関』のような公案集を使って、下語を付けてそれを記録する禅はよく「密参禅」と呼ばれているが、白隠禅はその密参禅に批判的であった。憶測するなら、それが『無門関』が実践や思想の中心へと歓迎されることのなかった理由なのではないかと考えられる。ただし、その研究はあまり進んでおらず、今後の発見や資料の分析に期待するしかない。

近世の臨済宗を代表できる例ではないが、近世における『無門関』を語るとすれば無視できない面白い書物を紹介しよう。飯塚染子（一六六五―一七〇五）は第五代将軍徳川綱吉（一六四六―一七〇九）の大老であった柳沢吉保（一六五九―一七一四）の側室である。大奥を描く時代劇やテレビドラマなどにしばしば登場する人物でもある。『源氏物語』をはじめとする日本文学を熱心に読んでいた彼女は、『鳥の空音《そらね》』という長年忘れられていたテキストを残しているが、そのテキスト

『鳥の空音』　島内景二『心訳『鳥の空音』――元禄の女性思想家、飯塚染子、禅に挑む』（笠間書院、二〇一三年）を参照。

は『無門関』に対しての独特なコメントである。▲『無門関』の一則一則に見解や感想を述べているが、それは本則に対してのみである。女性の作品としても、在家の作品としても珍しい、そしてたいへん面白いテキストであり、またコメントの性質も非常に興味深い。読者に向けて語彙を説明したり、意味を解釈したりするのではなく、自分の感想や連想するエピソードを日本と中国の文学から挙げたりする独特なやり方である。これは確かに特殊な一例ではあるが、独自に読んで、私見を書き留めるという発想ができたこと自体、『無門関』が日本社会にどれほど普及していたかを示していると言える。

そして、臨済宗でそれほど重視されていなかったのに、なぜ注釈書や抄物が臨済僧によって作成されたのかという疑問に答えるための一つの手がかりが提示されているように思われる。つまり、『無門関』は曹洞宗から廃棄された後、臨済宗に重視されたというよりも、俗界で知名度があまりにも上がっていたので、臨済宗ももはや無視できなくなっていた、ということではないだろうか。中世に臨済宗から入ってきて、曹洞宗に慕われた後に、禅寺から出て、日本社会全体に広まった。臨済宗の日常的な実践や、説かれていた教えと直接関わってはいなかったが、それでも学僧たちが『無門関』を扱わなければいけなくなっていた、と考えるのが、いちばん自然なのではなかろうか。

五▶近現代の『無門関』——禅籍の大物確定

臨済宗の歴史には幾つかの重要な転換があったが、明治時代の始まりに起きた廃仏毀釈とそれに伴った仏教への厳しい眼差しは間違いなく特筆すべき転機であろう。しかし、近現代の『無門関』を考えるうえでは、江戸時代に既に起こっていた在家の参禅がこの時代いっそう盛んになったことに注意すべきである。明治以降、日本の知識人や経営者などの間に、禅の修行▲によって修養するという伝統が、とりわけ日露戦争を機にますます強くなった。そして、在家の文学作家や思想家の作品にそれぞれの禅の理解がしばしば論述されるようになった。西洋思想を意識しながらも、近代の禅が作られてきた。そのなかに、『無門関』は目立つ地位を確保していた。

禅の修行による修養　王成「近代日本における〈修養〉概念の成立」(『日本研究』二九号、二〇〇四年)、一一七—一四五頁。

1　刊行に見える実践と研究の二面

江戸時代には『無門関』が寺から出て社会に浸透したが、近現代ではその傾向がさらに強くなった。また、『無門関』が近世に何回も刊行されたという流れも、近現代でも続いていた。その刊行年をざっと並べれば、明治十九年（一八八六）、三十六年（一九〇三）、四十三年（一九一〇）、大正九年（一九二〇）、昭和二十九年（一九五四）、三十一年となり、たび重なる刊行は近現代での『無門関』の絶えざる人気を示している。

そして、戦後も多くある『無門関』の刊行のなかで特筆すべきなのは、平田高士（精耕、元臨済宗天龍寺派管長・天龍寺住職）氏の注釈版である。昭和四十四年（一九六九）に、当時の禅学の最新の基準を反映してテキストをわかりやすく紹介するという斬新な企画であった「禅の語録」シリーズ（筑摩書房）の刊行が始まり、そのうちの一巻として平田氏による原文と和訳が作成された。つい最近までは、『無門関』の内容を知りたい人にはまずこれを読むようにと勧めるべきものであった。しかし、もはや五十年前の書籍であって、その間に禅学は大きく進歩している。最新の研究成果を活かし、精密な調べで細かいところまで典拠や語彙を明かしたのは柳幹康氏の訳注▲である。

平田氏も柳氏も研究者の立場からテキストを読んでいて、もとの意味を探って紹介しているわけである。『無門関』は中国禅の文脈で作成されたため、その内容を分析するときには当然中国禅の文脈で考察される。ただ、このブックレットで見たように、中国での知名度は低く、その影響力は取るに足りないものである。

柳幹康氏の訳注　同『新国訳大蔵経　中国撰述部①—6　法眼録・無門関』（大蔵出版、二〇一九年）。

そのため、中国禅の学問の世界で『無門関』の研究が盛んに行われていないのは当然の帰結である。しかし、状況はもう少し複雑である。多少単純化して言えば、日本の禅学には二つの面がある。一つは禅宗の宗派から生じた、禅僧たちが自分の宗学を極めるためにずっと行ってきた研究である。もちろん、それには進化があり、学術の基準を満たしているが、長い伝統を受け継いでもいる。もう一つは二十世紀に生まれたアプローチで、禅籍の特徴を意識しながらも、文献をまずもって中世の中国語のテキストとして読む、伝統的な読み方や解釈を頼りにしない研究である。この禅研究の二面を意識するのが大事だが、その理由は刊行される禅籍の解釈、現代語訳にそれが大きく反映されているからである。例えば、平田氏は禅僧でありながら、研究者の立場から『無門関』の訳注を作成したのだが、それは当たり前の行為では決してない。本人が、「はしがき」にこう述べる。▲

> 禅の祖録の読み方は人によっていろいろあるであろうが、大別すると二つの方法が考えられる。一つは実践的な読み方であり、他は学問的な読み方である。［中略］従来の禅者たちの祖録の読み方は、主として実践的読み方であり、むしろ学術的読み方は真の祖録の読み方ではないとして閑却される傾向であったといってよい。しかし、「確実性」を尊ぶ科学的現代社会に在って

「はしがき」平田高士前掲『無門関』、一一―一二頁。

は、すでに禅の祖録といえども学術的読み方を不問に付しておくことは許されなくなってきた。単なる実践的な読み方だけでは「独りよがり」やドグマに陥ってしまう恐れがある。もちろん、実践的読み方を全く欠いてしまっては、単なる学術的興味の対象となってしまう。それはおよそ祖録を作った禅の祖師たちの意に反することとなるであろう。『無門関』を読むにあたっては、この祖録の二つの読み方はそのどちらを欠くこともできないのである。

つまり、文献学などの学術的な基準を意識して、それを満たす注釈を作成するが、禅僧であることを決して捨てずに新しい姿勢でテキストに挑んでいるわけである。実際、『無門関』を含めて、禅籍の注釈を禅僧が担当することは最近まで当たり前のことであって、筑摩書房の「禅の語録」企画を除けば、大手出版社が研究者に禅籍を担当させたのは岩波書店の『臨済録』(一九八九年、入矢義高)や『碧巌録』(一九九七年、入矢義高・溝口雄三・末木文美士・伊藤文生)が初めてであった。そして、最新の大きな傾向でいうと、やはり中国で作成された禅籍についての研究は伝統的な読み方から離れてもとの意味を捉えようとするものがいちばん多い。芳澤勝弘氏のように、伝統的な読みを利用しながら最新の研究の功罪を指摘することもある。

要するに、『無門関』のテキストの本来の意味を正しく知るには、伝統にとらわれない文献学的な検討が必要であるが、同時に日本で誕生した禅の一つの支えであったからには、実践を目的にする日本の解釈や伝統的な読み方も日本禅の研究者が無視できないものなのである。それは『無門関』──つまり日本での『無門関』──研究の未来であろう。

しかし、いずれにせよ、今にまで続く『無門関』の人気は、学問の世界よりも日本の禅の実践や臨済宗から放たれた思想、文化への影響によると思われる。おそらく、それをいちばんわかりやすく現しているのは禅僧による提唱録の出版であろう。

2 『無門関』提唱──現代禅の結晶

明治以降に『無門関』の注釈が多く見られると同時に、禅僧が文献を弟子たち（多くの場合は出家在家を問わず）のために提唱（文献を用いての説法）することもしばしばであった。対象の禅籍としてはおなじみの『臨済録』と『碧巌録』のほかに『無門関』が多く扱われていた。江戸時代には臨済宗の禅僧は『無門関』に対して少し距離を置いていたが、明治以降では完全に溶け込んでいたと言える。朝《あさ》

朝比奈宗源の序　同『無門関提唱』（山喜房仏書林、一九五七年）。

平松亮卿の『無門関』の提唱　同『南天棒提唱無門関』（先進堂、一九二八年）。

比奈《ひな》宗源《そうげん》（一八九一―一九七九）の『無門関提唱』の序は、次の文から始まる。

> 無門関は古くから臨済録、碧巌録と共に、最も広くわが宗に行われた書物である。

ここまで付き合ってくれた読者なら、その文章に疑問を持つであろう。たしかに、『無門関』の臨済宗（「わが宗」）での地位は決して「古くから」安定していたといえないが、円覚寺の管長で駒澤大学の教授でもあり、二十世紀に名を残した禅僧の朝比奈宗源が当たり前の常識のように「広く行われた」と断言するということは、大きな意味を持っている。朝比奈の『無門関提唱』は戦後の一九五七年に刊行されたが、その常識はずっと前からあったと思われる。昭和三年（一九二八）に、南天棒こと中原鄧州《なかはらとうしゅう》（一八三九―一九二五）による『無門関』の提唱が弟子の平松《ひらまつ》亮卿《りょうきょう》により出版されるが、巻跋（後書き）に次の興味深いことが書いてある。

> 本書は始め正宗国師（白隠禅師）提唱せらるゝ処にして、後ち伝へて、漁巣軒、卓州、登龍軒（通翁）、万松庵（石応）、［中略］等の諸大老各々所見を加へて受用せられたるなり。時に大正六年我が先師南天棒老師の命に依り是

が編纂を終り梓に上せ世に公にせしに、天下挙つて之読者となり、重版を見るに至る。然るに大正十二年九月一日の大震火災の厄に逢ひ、絶版の止むなきに至る不幸と謂つ可し。

これによると、白隠が初めて『無門関』を提唱して、その後何人かの禅僧によって今まで続く提唱の伝統が出来た。その断言を裏付ける資料は筆者の管見のかぎりないし、既に述べたように白隠自身も、その弟子たちも『無門関』を重視していたと思わせる痕跡は知られていない。だが、確かに白隠には『無門関俚諺鈔』がある。とにかく、その伝統の史実の是非はともかくとして、昭和三年（一九二八）にはその伝統が強く意識されていたことは間違いない。そして、それら白隠以後に伝えられていた幾つもの提唱が南天棒の命により出版されていたが、関東大震災によって焼失したという。それまでに重版が必要になったほどよく読まれていたようである。その人気ぶりの一つの理由について、巻跋の続きが面白い手がかりを示す。

今や思想界の変潮に際し世を挙げて精神鍛錬の道を求むる事急にして、而も其良書好著を要すること干天に雨を求むるが如く、我が無門関を要求すること亦甚し。

精神鍛錬を目的に禅が流行っていた流れで、『無門関』の内容を禅の立場から説明する提唱が要求されていたということである。『無門関』の研究、つまり本来の環境である宋代禅の文脈のなかに正確な言葉の意味や、思想的な分析が求められたのではなく、自分に役に立つ禅を深めるために禅僧の提唱が好まれていた。

では、『無門関』の提唱とはどういうものであろうか。明治時代から今日に至るまでに頻繁に作成されたので、すべてを紹介することはできないが、数例を挙げて全体像を素描する。

明治大正の臨済宗を代表する禅僧に南天棒（図12）と円覚寺の住職であった釈宗演（一八五九―一九一九。図13）が挙げられる。二人とも、近代禅に大きな影響を与えて、二人とも『無門関』を提唱した。明治四十二年（一九〇九）に釈宗演の『無門関講義』▲が刊行され、既に見たように、昭和三年、つまり南天棒が遷化した三年後に『南天棒提唱無門関』が刊行された。例によって、「趙州狗子」のところを見てみるが、その前に釈宗演のテキストに対しての姿勢を見よう。

『無門関講義』の初めに、「禅宗」と「科学」は真理を目指しているが、科学は規準に従って進むのに対して、禅は「直覚的」であると述べている。つまり、

釈宗演『無門関講義』光融館、一九〇九年。

図12　南天棒

図13　釈宗演

『無門関』についてさまざまな説明をするが、学問が求める論理的な解明ではなく、禅特有の立場から講述するという。禅僧からの発言としてはごく当たり前なことではあるが、ここで注意されるべきなのは釈宗演が科学を評価しているということである。また、「仏教であれ、科学であれ、皆真理を探究するのである」という。つまり、禅の立場でいながら近代に急騰した実証主義を宗演は決して否定していない。禅、そして『無門関』は科学と違う方法であっても、同じく真理へ向かっているのである。帰結として、禅の前提さえ認めれば、その修行をしなくても『無門関』を禅の立場から読めるわけである。実際、釈宗演の『無門関講義』はとても読みやすくなっていながら、テキストを説明しているよりも、公案や無門の見解の効率に障らずに（つまり説明をしすぎずに）親切に案内しているといえる。

　このような姿勢は概ね『無門関』の提唱に共有されているが、禅僧によって味わいが随分変わってくる。対照的なのは勢いあふれる禅僧であった南天棒である。学問を好んでいた釈宗演の綺麗な文章に対して、『南天棒提唱無門関』は活き活きとした口語体である。そして、科学と同じ目標を持ち、なるべく親切に説明する釈宗演に対して、とにかく禅の指導者らしい力強い表現で言葉を振り下ろす。例えば、趙州が「無」と答えたことについて釈宗演はこう論じる。

無《む》とは無《な》いと云ふ字であるが、そんなら、無いと云ふ事か。有無の無か、断《だん》無《む》の無かどういふ無字であらう。菩提《ぼだい》とか涅槃《ねはん》とか云つてもいかぬ。仏陀《ぶつだ》とか、ゴッドとか、云つてもいかぬ。

同じ「無」に対して、『南天棒提唱無門関』は次のようである。

「州云く、無」と、サーこゝぢや。趙州、和尚スカサズ「露刃剣」を引き抜いたぞ。油断をするなよ。

このように並べると対立的に見えるやり方だが、そうではない。落ち着いた説明と勢いある説法は程度の問題であって、すべての提唱に多かれ少なかれ両面が見られる。このように、数多くある『無門関』提唱は、それぞれの禅僧の性格、特色のほかに、近代から現代まで宗教者の立場から『無門関』はどう読まれていたのかを知るにはたいへん重要な書籍である。

3　禅の外の『無門関』

まとめると、明治時代以降、禅はますます日本で人気を得ていくとともに、『無門関』の刊行が繰り返されていた。その一部は禅学の進歩を反映していて、その最新の成果が柳幹康氏による注釈版である。しかし、研究姿勢を大きく分ければ、中国のテキストとして見るアプローチと、読み方や解釈の長い伝統を受け継ぐやり方という二つの流れが存在する。後者は禅僧たちの著した『無門関提唱』と同じ伝統を共有していて、日本の『無門関』のイメージにいちばん影響を与えたと言える。しかし、研究書の読者にせよ、提唱の読者にせよ、禅に関心をもって『無門関』に目を向けたのである。このことは当たり前そうに見えるが、実は『無門関』への関心が禅の範囲を超える時もある。

まず、近現代には思想界での禅のイメージが特別であったことを忘れてはならない。哲学において宗教の信仰に対して疑念が高まっていたなかでも、悟りを通して真理を直接つかめる禅は好意的に見られていた。それは、宗教の教えの一つとしてではなく、哲学的に可能な方法としてであったとも言えよう。そうしたなか、哲学の観点から『無門関』を読むという試みが行われたのは当然のことであろう。興味深いことに、ここで哲学者たちはほとんどの場合、禅の前提を受け入れたうえで、哲学的な分析を加えたと言える。詳しく踏み込まないが、その傾向は早くから見られると指摘しておこう。例えば、大正七年（一九一八）に出版された紀《き》平《ひら》正美《ただよし》（一八七四—一九四九）の『無門関解釈』▲が挙げられる。その序は次の文から始まる。

> 余は十五分間も坐禅した事はなく、師に就て参禅した事も無論ない、然し考へてゐた事は可なり久しき間である。〔中略〕余の問題とする所のものは、禅の公案なるものが、どれだけ論理的に取扱ひ得られるかといふ試みであつて、所謂禅の方から云ふならば、始めから間違つた企である。

紀平は国家主義者で、禅でそれを裏付けられると考えた。その『無門関解釈』は禅者に厳しく批判された▲。その詳細には立ち入らないが、このような狙いで『無門関』が使用されていたこともその普及を語っている。また、禅の教え（たとえ誤解でも）を肯定したうえで論じられていることにも注意すべきである。そこに近現代の禅の理解の最大の特徴があると言えよう。禅の部外者でも禅の根本的な前提を受け入れながら新しい観点から独自の解釈を行うということである。そう

紀平正美『無門関解釈』 岩波書店、一九一八年。

『無門関解釈』への批判 飯島孝良「禅・華厳と日本主義」（『近代の仏教思想と日本主義』、法蔵館、二〇二〇年）。

したなか、禅の代表作としてよく扱われていたのが、『臨済録』と『碧巌録』と一緒に『無門関』であったことは、読者にとって何の驚きでもないであろう。

もっと最近の例を見ると、新宗教「生長の家」の創始者である谷口雅春（一八九三―一九八五）にも同じ題名の『無門関解釈』▲がある。さまざまな宗教や心理学などを取り入れた谷口は『法華経』、『大般涅槃経』と『維摩経』という著名な仏典の注釈書を出版したが、それと並んで『無門関』をも選んだのは、彼の禅の理解度や個性よりも、『無門関』の知名度を表していると考えられる（因みに、『碧巌録』の注釈書の遺稿もあったようである）。

また、詩人の高橋新吉（一九〇一―八七）も禅に関心を持っていて、山田無文（一九〇〇―八八）という名僧とともに書いた『無門関――解説』▲は、禅と文学の関係の面で面白い例として挙げられる。

以上の三例は一冊の本というわかりやすい形で現れた『無門関』の広がりを示しているが、もちろん、これだけに限らない。思想家のエッセー、文学作品、時には科学までにしばしば見られる。▲ある程度の規模の本屋に行けば、必ず『無門関』に関連する複数の書籍が見られるので、これ以上例を重ねる必要はないであろう。実際、近現代にさまざまな観点から『無門関』やその注釈書などが出版され、その詳細な紹介をするだけで、もう一冊のブックレットを書けるほどである。

谷口雅春『無門関解釈』 日本教文社、一九六四年。

高橋新吉・山田無文『無門関――解説』 東方双書、一九五八年。

『無門関』の広がり 例えば、温暖化問題が現代人に与えられている公案であるという趣旨の記事を東京大学国際・産学共同研究センターの山本良一が「現代の『無門関』」と題して書いている。

その状況自体、『無門関』が、明治以降に日本の思想、文化、宗教観などにどれほど大きな存在であったかを鮮明に示している。

おわりに——世界へ旅立つ『無門関』

このブックレットを閉じる前に、歩んできた道筋を振り返ってみよう。『無門関』は、中世では、控えめな存在から日本禅の一部の実践に使用され、知名度を上げた。その人気は近世に増大して、禅の宗派の外に出て日本社会に浸透しはじめた。そして、明治以降今日に至るまで、臨済宗のみならず日本の思想、広く言えば文化の無視できない要素になった。これが、「日本における『無門関』の物語」の粗筋である。視野をもっと広げれば、禅と日本社会の関係と同じ道を歩んだことがわかる。上流社会としか交流がなかった中世の禅の宗派は、近世になってさまざまな形（説法、仮名法語、禅画など）で大勢の人に教えを発信して、そして、近現代ではさまざまな分野にまで影響を及ぼすようになった。そして、周知のとおり海外まで知られるようになった。その流れにも、『無門関』が見られる。

禅が海外に渡った過程はやや複雑であるが、結果的に主に受容されたのは臨済宗の見解であったと言える（実践の面では、逆に曹洞宗の影響の方が強い）。二十世紀の禅思想に多大な影響を与えた鈴木大拙（一八七〇—一九六六）は禅の西洋への伝来の中心人物であるが、その弟子とまで言えるほど影響を受けたのはイギリス

図14　レジナルド・ブライス（Reginald H. Blyth）

出身で長く日本に住んでいたレジナルド・ブライス（一八九八―一九六四）である（図14）。ブライスは日本文化、特に俳句について英語の本を数多く出版していて、そのなかに『無門関』の英訳が見られる。『無門関』の英訳の歴史についてもまた許多の行数を要するし、このブックレットの範囲を超えているが、西洋で主な『無門関』への入り口だったブライス訳を少し見てみよう。英訳のうえに原文を載せて、それに細かい注釈が施されてある、学術的な著作である。しかし、それは当時の基準を示すものであり、いわば禅の立場から学問的に解釈されている。同時に、序文においては、『無門関』は悟りを目指すための本であり、「各国の各大学に教科書として置かれるべき」と述べている。そして、注意すべきなのは題目にある「Mumonkan」の表記である。中国のテキストなのに日本読みで紹介している。禅が日本を通して西洋に伝播された。そして、その伝播のうえで、ブライスの英訳とともに禅における『無門関』の高い地位という常識も伝えられたのである。現在、英語の書籍を見ても『無門関』の訳やそれに関連する本は、日本に負けないほど多い。

　このように、中国で忘れられた禅籍が、日本だけではなく、世界においてまで禅の聖典になっていったのである。

『無門関』の英訳　R. H. Blyth, *Zen and Zen Classics Volume four Mumonkan*, The Hokkuseido Press, 1966.

あとがき

本書は国文学研究資料館とパリ大学を軸にした国際共同研究「中近世日本における知の交通の総合的研究」の成果の一つである。専門的な「知」がどのように広まったか、また広まりながらどのように変貌したのかを考える企画である。そこで中国の禅籍であり、一種の専門的な「知」である『無門関』が、どのように日本に伝播し、日本文化に入り込んだか、その過程を検討した。筆者にとって、これは何となく分かっているつもりでいたテーマであったが、詳しく調べると自分の常識だと思っていたことが揺らぎはじめて、書きながらいくつもの刺激を受けた。禅の研究者の間では確かに、『無門関』は中国よりもむしろ日本で人気を得たということは、昔から知られている。そして、日本の中世には臨済宗よりも曹洞宗で重視されていたこともしばしば指摘されている。しかし、管見の限りその詳細は意外に論じられていない。「書物をひらく」をテーマにした本ブックレットのシリーズにこの問題は相応しい、また読者にとっても面白いのではないか、とやや上から目線で筆を執った。しかしいつの間にか、一番驚いて、一番面白がっていたのは筆者たる自分であった。

本書のタイトルである「『無門関』の出世双六」は、編集担当の保科孝夫氏が提案してくださったものである。本当のことを言うと、最初にその提案を聞いたときには首を傾げた。けれども『無門関』が日本で歩んだ道を考えてみるとだんだん納得されてきた。なるほど、宗教界、政界などに起こった予測不可能な偶然を含めた運命の末に中国で知名度の低い書籍が日本で著名になった過程は、まさに「出世双六」であって、その物語のような歴史を紹介するのが本書の最大の目的であるに違いない。

そもそも、本に運命があること自体、たいへん面白い現象である。文学でいうと、現代人がもっている「日本文学」の全体像はさまざまな作品やジャンルのイメージによって成り立っているが、それが時代とともに変化することはよく知られている。宗教でも、「聖典」にそのような評価の流動が見られるのは一層興味深い。根本的な疑問への答えを提供しているテキストは絶対的で不動の位置にあると思われがちだが、どうもそうでもない。文学作品と同じように、聖典にも運命がある。ここで、「聖典」という表現は禅の場合では少し扱いづらいのでは、と指摘されるかもしれない。確かに、多くの宗教に見えるように「聖典」が絶対的な真理を記した書籍であるとしたら、「不立文字」――つまりどんな尊いテキストであっても絶対視しない――を主張する禅では厳密には「聖典」はない。しかし、思想と実践の面で重視されて、宗教活動の中心に置かれる書籍を「聖典」とするならば、純正語法主義者にもお許しいただけるであろう。

不思議な運命をもつ聖典として、『無門関』はじつに良好な例である、と本書を書いて改めて思った。というのは、その歴史自体が面白いだけでなく、その「出世」を語るためには、禅宗の歴史、その思想の基本――しかも臨済宗と曹洞宗の――を見る必要があった。無論、ページ数と筆者の能力に限界があって、やむなく省略した面が少なからずあるが、予備知識を備えていない読者にも、本書を読んだことで、日本禅宗史の粗筋とその面白さが垣間見えたのではないか。そう信じたい。

執筆に際しては、小川隆氏、堀川貴司氏と柳幹安氏よりご教示と貴重なご指摘をいただいた。また、飯島孝良氏にはご教示のほかに校正にまでお力添えをいただいた。諸氏に心より感謝する。

二〇二〇年二月一三日

ディディエ・ダヴァン

掲載図版一覧

図１　『仏祖正印源流道影賛』「馬祖像」　カリフォルニア大学バークレー校東亜図書館蔵　図像：国文学研究資料館新日本古典籍総合データベース

図２　五山版『碧巌録』　国会図書館蔵

図３　「法燈国師坐像」　円満寺蔵　図像提供：和歌山県立博物館

図４　五山版『無門関』　大中院蔵　京都国立博物館寄託

図５　『三体詩素隠抄』　新潟大学附属図書館佐野文庫蔵　図像：国文学研究資料館新日本古典籍総合データベース

図６　『無門関抄』　京都大学附属図書館蔵

図７　『鼇頭評註無門関』（寛文六年刊）　味の素食の文化センター蔵　図像：国文学研究資料館新日本古典籍総合データベース

図８　『無門関春夕鈔』　金城学院大学図書館蔵　図像：国文学研究資料館新日本古典籍総合データベース

図９　『無門関万安抄』　国文学研究資料館蔵　図像：国文学研究資料館新日本古典籍総合データベース

図10　『禅宗無門関私鈔』　国文学研究資料館蔵　図像：国文学研究資料館新日本古典籍総合データベース

図11　『俳諧無門関』　早稲田大学図書館蔵

図12　南天棒像　『南天棒禅話』（丙午出版社、1915年）より転載

図13　釈宗演像　『釈宗演全集 第１巻』（平凡社、1929年）より転載

図14　レジナルド・ブライス　『アサヒグラフ』1953年５月27日号より転載

ディディエ・ダヴァン（Didier Davin）
1972年、フランス、エクス＝アン＝プロヴァンス生まれ。博士（パリ、École Pratique des Hautes Études）。現在、国文学研究資料館准教授。専攻、日本仏教、特に中近世の臨済宗。論文に、「海を渡った禅――欧米「ZEN」の誕生」（『別冊サンガ5「Zen」』、2019年）、「脱鎌倉禅？――純粋禅と大燈派についての一考察」（『中世禅への新視角――『中世禅籍叢刊』が開く世界』、臨川書店、2019年）、「近世初期の禅籍を散策する」（『書物学』13号、2018年）、「室町時代の禅僧と『臨済録』」（『『臨済録』研究の現在』、禅文化研究所、2017年）などがある。

ブックレット〈書物をひらく〉23
『無門関』の出世双六《しゅつせすごろく》――帰化した禅の聖典
2020年3月19日　初版第1刷発行

著者　ディディエ・ダヴァン
発行者　下中美都
発行所　株式会社平凡社
〒101-0051　東京都千代田区神田神保町3-29
電話　03-3230-6580（編集）
03-3230-6573（営業）
振替　00180-0-29639
装丁　中山銀士
DTP　中山デザイン事務所（金子暁仁）
印刷　株式会社東京印書館
製本　大口製本印刷株式会社

ISBN978-4-582-36463-7
NDC分類番号188.8　A5判（21.0cm）　総ページ104

平凡社ホームページ　https://www.heibonsha.co.jp/